내신
30 DAYS
A B C
E F
H I J K
꽉 잡는

중학 영단어에 빠져라!

Intermediate

교육의 길잡이 · 학생의 동반자
(주)교학사

Structures and Features

1. 수능에서 가장 많이 나오는 중학 영단어가 뭘까?

중학 영단어 중에서 수능에서 가장 많이 나오는 단어가 무엇일까요? 그 다음에 많이 나오는 단어는? 또 그 다음은 ....

영어 단어장에 나와 있는 대로 무조건 외우는 기존의 영단어 책보다 이렇게 수능에서 많이 출제되는 영단어부터 순서대로 암기한다면 학습 동기가 높아져 단어 익히기가 재미있겠지요?

● **Preview Check** 오늘 학습할 낱말입니다. 이미 자신이 알고 있는 낱말에 ✓해 봅시다.

☐ see	☐ musician	☐ through	☐ middle	☐ twin
☐ ship	☐ found	☐ shelter	☐ concert	☐ boring
☐ part	☐ cage	☐ competition	☐ grass	☐ chance
☐ course	☐ bold	☐ square	☐ such	☐ since
☐ history	☐ quick	☐ however	☐ without	☐ strange
☐ fix	☐ while	☐ own	☐ uniform	☐ pure

수능 출제 랭킹 001

Basic

001
see
[si:]
동 saw - seen 보다
● Did you see what happened? 무슨 일이 있었는지 당신이 보셨나요?

002
fix
[fiks]
동 ① 고정하다 ② 정하다 ③ 수선하다 동 repair
● I have to fix my bike today. 나는 오늘 나의 자전거를 고쳐야 한다.

2. 예문이 쉬운 영단어 책, 어디 없나요?

영단어 책에서 예문을 보는데 어려운 단어가 나오면? 어려운 단어가 하나도 아니고 둘 이상 나온다면? 그 단어들의 뜻을 더 알아야 하니 짜증이 났던 적이 많이 있지요? 제시 단어의 의미 파악에만 집중할 수 있도록 예문을 쉽게 만든 영단어 책, 이거 중요합니다. 하나 더, 앞에서 배운 낱말이 조금 뒤 예문에서 다시 나오는 나선형 구조로 예문을 실었으므로 복습이 저절로 됩니다.

수능 출제 랭킹 009

Intermediate

009
while
[hwail]
접 ~하는 동안
● While you are eating, you shouldn't speak.
식사하는 동안에는 말을 해서는 안 된다.

010
however
[hauévər]
부 ① 아무리 ~해도 ② 그러나
● He will never pass the examinations, however hard he works. 그는 아무리 공부를 해도 시험에 합격하지 못할 것이다.

011
such
[sətʃ]
형 그런, 그러한
● He has such a big mouth. 그는 그런 큰 입을 갖고 있다(입이 싸다).

012

3. 일일 단어 학습을 수준별로 한다면?

기존의 영단어 책의 일일학습은 쉽거나 어려운 단어가 20~30개 섞여 있는 것을 외우게 하고 있지요. 이렇게 단어 학습을 하면 엄청 지루해서 며칠 하다가 그만 두게 되는 경험이 한두 번쯤 누구나 있을 거예요. 하지만 일일 학습 단어를 수준별로 구성하면 지루함을 훨씬 덜 수 있을 뿐만 아니라 쉬운 수준을 먼저 공부한 후, 그 다음에 중간 수준을 공부하는 등 단어 공부를 여러 가지 방법으로 재미있게 할 수 있어요.

4. 두껍고 어려운 영단어 책은 가라!

30일만에 끝내는 얇은 영단어 책, 여기 있어요.

오늘의 일일 단어 학습을 하기 전에 자기 자신이 그 중에서 얼마나 알고 있는지 확인해 보는 준비 학습 코너

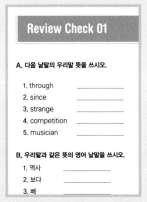

다양한 문제를 통해 학습한 어휘를 확인할 수 있는 Review Check 수록

Contents

┌─ 이 책에서 사용되는 약어 ─┐

명 명 명사 　　대 대명사

동 동 동사 　　형 형 형용사

부 부 부사 　　전 전치사

접 접속사 　　감 감탄사

동 동의어 　　반 반의어

유 유의어 　　복 복수형

합 합성어 　　참 참고

Day 01~30

**권장
학습
방법**

1. 먼저 **Preview Check**의 낱말을 보면서 자신이 이미 알고 있는 낱말에 체크해 본 후,
   본문을 보면서 그 낱말의 뜻을 꼼꼼하게 확인해 본다.
2. **Basic**에 있는 모르는 낱말의 뜻을 집중해서 학습하고 그 예문도 익힌다. MP3를 들
   으면서 익히면 학습 효과가 더욱 좋아진다. 그 다음에 **Intermediate**와 **Advanced**를
   Basic에서처럼 차례차례 학습한다.
3. **Preveview Check**에서 자신이 알고 있는 낱말을 다시 체크해 본 후 아직 잘 모르
   는 낱말을 본문에서 다시 학습한다.
4. 이번에는 **Review Check**에 도전한다. 채점해 본 후 틀린 낱말을 골라내어 본문에
   서 다시 학습한다.
5. 새 일일학습을 하기 전에 이전 일일학습의 Preview Check를 보면서 모르는 낱말
   을 체크해 본 후 그 뜻을 본문에서 다시 익힌다.

Day 01

● **Preview Check** 오늘 학습할 낱말입니다. 이미 자신이 알고 있는 낱말에 ✔해 봅시다.

☐ see	☐ musician	☐ through	☐ middle	☐ twin
☐ ship	☐ found	☐ shelter	☐ concert	☐ boring
☐ part	☐ cage	☐ competition	☐ grass	☐ chance
☐ course	☐ bold	☐ square	☐ such	☐ since
☐ history	☐ quick	☐ however	☐ without	☐ strange
☐ fix	☐ while	☐ own	☐ uniform	☐ pure

수능 출제 랭킹

Basic

001

see
[si:]

동 saw - seen **보다**
● Did you see what happened? 무슨 일이 있었는지 당신이 **보셨**나요?

002

fix
[fiks]

동 ① **고정하다** ② **정하다** ③ **수선하다** 동 repair
● I have to fix my bike today. 나는 오늘 나의 자전거를 **고쳐야** 한다.

003

quick
[kwik]

형 **빠른** → quickly 부 **빨리**
● You need to give a quick answer. 너는 **즉답**을 할 필요가 있다.

004

square
[skwɛər]

형 **정사각형 모양의** 명 ① **정사각형** ② **광장**
● a square room **정사각형 모양의** 방

005

grass
[græs]

명 **풀**
● Cows eat grass. 소들은 **풀**을 먹는다.

006

boring
[bɔ́:riŋ]

형 **지루한** → bored 형 **지루해진**, bore 동 **지루하게 하다**
● This movie was boring. 이 영화는 **지루했다**.

007

ship
[ʃip]

명 **배** 유 boat
● My parents like traveling by ship.
나의 부모님들은 배로 여행하는 것을 좋아하신다.

008

musician
[mju:zíʃən]

명 **음악가** → music 명 **음악**
● Mozart is a great musician. 모차르트는 위대한 **음악가**이다.

6

Intermediate

009

while
[*h*wail]

접 ~하는 동안
- While you are eating, you shouldn't speak.
  식사하는 동안에는 말을 해서는 안 된다.

010

however
[hauévər]

부 ① 아무리 ~해도 ② 그러나
- He will never pass the examinations, however hard he works. 그는 아무리 공부를 해도 시험에 합격하지 못할 것이다.

011

such
[sətʃ]

형 그런, 그러한
- He has such a big mouth. 그는 그런 큰 입을 갖고 있다(입이 싸다).

012

chance
[tʃæns]

명 가능성, 기회
- The operation has a fifty-fifty chance of success.
  그 수술은 성공할 가능성이 50 대 50이다.

013

part
[pɑːrt]

명 부분, 일부
- The novel is good in parts. 그 소설이 부분적으로는 좋다.

014

found
[faund]

동 설립하다
- found a school 학교를 설립하다

015

through
[θruː]

전 ~을 통해
- Sun came through the window.
  햇빛이 창으로 비쳐 들어왔다.

016

own
[oun]

형 자신의 동 소유하다
- It was her own idea. 그것은 그녀 자신의 생각이었다.

017

without
[wiðáut]

전 ~ 없이
- Can you see without your glasses?
  너는 안경 없이 볼 수 있니?

018

since
[sins]

전 ~부터, 이후로 접 ~ 때문에, ~한 이래
- We've lived here since 1994.
  우리는 1994년부터 여기에 살고 있다.

019

course
[kɔːrs]

명 ① 강좌 ② 과목 ③ 과정
- I take five courses this year. 나는 금년에 5과목을 듣는다.
- *of course 물론, 당연히

Advanced

020

cage
[keidʒ]

명 우리, 새장
- The lion escaped from its cage. 그 사자가 우리에서 도망쳤다.
- a bird cage 새장

021

shelter
[ʃéltər]

명 주거지, 피신처 동 보호하다, 피하다
- People need food, clothing and shelter.
  인간에게는 의식주가 필요하다.

022

middle
[mídl]

명 가운데 형 가운데의
- a middle school 중학교

023

uniform
[júːnəfɔ̀ːrm]

명 제복
- a school uniform 교복

024

strange
[streindʒ]

형 이상한 → stranger 명 낯선 사람
- A strange thing happened this morning.
  오늘 아침에 이상한 일이 있었다.

025

history
[hístəri]

명 역사 → historian 명 역사가
- Nara is studying Korean history.
  Nara는 한국 역사를 공부하고 있다.

026

bold
[bould]

형 용감한 동 brave, fearless
- He had a simple but bold dream.
  그는 소박하지만 담대한 꿈이 있었다.

027

competition
[kɑ̀mpətíʃən]

명 대회, 경쟁 → compete 동 경쟁하다
- music competition 음악 경연 대회

028

concert
[kɑ́nsəːrt]

명 음악회
- I go to concerts once a month. 나는 음악회에 한 달에 한 번 간다.

029

twin
[twin]

명 쌍둥이
- Ella and Ellie are twins. Ella와 Ellie는 쌍둥이이다.

030

pure
[pjuər]

형 ① 깨끗한 ② 순수한
- a bottle of pure water 깨끗한 물 한 병

Review Check 01

A. 다음 낱말의 우리말 뜻을 쓰시오.

1. through   _____
2. since   _____
3. strange   _____
4. competition   _____
5. musician   _____

6. part   _____
7. uniform   _____
8. own   _____
9. concert   _____
10. while   _____

B. 우리말과 같은 뜻의 영어 낱말을 쓰시오.

1. 역사   _____
2. 보다   _____
3. 배   _____
4. 가능성   _____
5. 풀   _____
6. 강의   _____
7. 순수한   _____

8. 쌍둥이   _____
9. ~ 없이   _____
10. 설립하다   _____
11. 용감한   _____
12. 새장   _____
13. 고정하다   _____
14. 빠른   _____

C. 다음 우리말과 뜻이 같도록 문장을 완성하시오.

1. 너는 왜 그렇게 서두르니?

   = Why are you in _____ a hurry?

2. 그녀는 바깥 날씨가 아무리 추워도 창문을 열어 둔다.

   = She has the window open, _____ cold it is outside.

3. 그는 그 다리 가운데에 앉았다.

   = He sat in the _____ of the bridge.

4. Lisa는 동물 보호소에서 자원봉사한다.

   = Lisa volunteers at an animal _____.

5. 그는 정말 재미없는 남자야!

   = He's such a _____ man!

6. 정사각형 안에는 다섯 글자가 있다.

   = There are five letters in the _____?

Day 02

● **Preview Check** 오늘 학습할 낱말입니다. 이미 자신이 알고 있는 낱말에 ✔해 봅시다.

☐ fat	☐ comic	☐ happen	☐ unique	☐ former
☐ loud	☐ business	☐ spoil	☐ feather	☐ hate
☐ instead	☐ fund	☐ embarrass	☐ church	☐ yet
☐ everything	☐ decorate	☐ wet	☐ experience	☐ language
☐ cave	☐ ring	☐ human	☐ order	☐ bow
☐ invite	☐ someone	☐ special	☐ account	☐ gradually

수능 출제 랭킹 Basic

031
fat
[fæt]
형 뚱뚱한 반 thin, lean 마른 명 지방
● Mr. Smith is fat. Smith씨는 살쪘다.

032
invite
[inváit]
동 초대하다 → invitation 명 초대
● He invited his old friends to the party.
그는 자신의 옛 친구들을 파티에 초대했다.

033
ring
[riŋ]
동 rang - rung 울리다 명 반지
● My cell phone is ringing loudly. 나의 휴대 전화가 크게 울린다.

034
wet
[wet]
형 젖은, 비가 오는 동 rainy
● It's wet outside. 밖에는 비가 온다.

035
church
[tʃəːrtʃ]
명 교회
● How often do you go to church?
당신은 교회에 얼마나 자주 가세요?

036
hate
[heit]
동 싫어하다 반 love, like 사랑하다 → hatred 명 증오
● They hated each other. 그들은 서로 증오했다.

037
loud
[laud]
형 소리가 큰 반 quiet 조용한 → loudly 부 시끄럽게
● The radio is too loud. 그 라디오는 너무 소리가 크다.

038
comic
[kámik]
형 웃기는, 익살스러운 명 만화
● The play is both comic and tragic.
그 연극은 희극적이면서 비극적이다.

039
someone
[sʌ́mwʌ̀n]

대 어떤 사람
• Someone's left his bag behind. 누군가가 가방을 두고 갔다.

040
human
[hjúːmən]

형 인간의 명 인간 (= human being)
• Contact with other people is a basic human need.
다른 사람들과의 접촉은 인간의 기본적인 욕구이다.

041
experience
[ikspíəriəns]

명 경험 동 경험하다
• We all learn by experience. 우리는 모두 경험을 통해 배운다.

042
yet
[jet]

부 아직
• "Are you ready?" "No, not yet."
"준비 됐니?" "아니, 아직 안 됐어."

043
instead
[instéd]

부 대신에
• Leo was ill so I went instead. Leo가 아파서 내가 대신 갔다.
• instead of ~ 대신에

044
business
[bíznis]

명 사업, 일, 업무
• business contacts 사업상의 인맥
• She works in the computer business.
그녀는 컴퓨터 업계에서 일한다.

045
happen
[hǽpən]

동 일어나다, 발생하다
• You'll never guess what's happened!
무슨 일이 있었는지 넌 결코 짐작도 못 할 거야!

046
special
[spéʃəl]

형 특별한, 특수한
• We will only allow this in special circumstances.
학교에서는 이것을 특수한 상황에서만 허용할 것이다.

047
order
[ɔ́ːrdər]

명 ① 순서 ② 명령 ③ 주문 동 ① 명령하다 ② 주문하다
• The names are listed in alphabetical order.
이름들은 알파벳 순으로 나열되어 있다.

048
language
[lǽŋgwidʒ]

명 언어
• He speaks three languages.
그는 3개 언어를 말한다.

049
everything
[évriθiŋ]

대 모든 것
• Everything had gone. 모든 것이 다 사라지고 없었다.

050

fund
[fʌnd]

명 기금 동 기금을 대다
- The museum is privately funded.
  그 박물관은 개인 자본으로 운영된다.

051

spoil
[spɔil]

동 망치다
- The tall buildings spoil the view.
  그 높은 건물들이 전망을 버려 놓는다.

052

unique
[juːníːk]

형 독특한, 유일한
- Everyone's fingerprints are unique.
  사람 개개인의 지문은 유일무이하다.

053

account
[əkáunt]

명 ① 계좌 ② 장부 ③ 설명, 이야기
- What's your account number, please?
  계좌 번호가 어떻게 되세요?

054

bow
[bau]

동 절하다 명 절
- He bowed low to the crowd.
  그가 군중들에게 깊이 허리 숙여 절을 했다.

055

cave
[keiv]

명 동굴
- The cave room is a great square.
  동굴의 내부는 거대한 정사각형의 형태로 되어 있다.

056

decorate
[dékəreit]

동 장식하다 → decoration 명 장식
- We decorate Christmas trees at Christmas.
  크리스마스에는 크리스마스트리를 장식한다.

057

embarrass
[imbǽrəs]

동 당황스럽게 만들다 → embarrassed 형 당황스러운
- Meeting strangers embarrasses Tom.
  처음으로 사람을 만나면 Tom은 당황하고 만다.

058

feather
[féðər]

명 깃털
- Fine feathers make fine birds. (속담) 옷이 날개다.
- a feather pillow 깃털로 만든 베개

059

former
[fɔ́ːrmər]

형 옛날의, 과거의 대 전자
- It was not accepted in former times.
  옛날에는 그게 허용되지 않았다.

060

gradually
[grǽdʒuəli]

부 서서히, 차츰
- His health is improving gradually.
  그의 건강은 차츰 좋아지고 있다.

Review Check 02

A. 다음 낱말의 우리말 뜻을 쓰시오.

1. human _____
2. business _____
3. unique _____
4. fund _____
5. fat _____
6. language _____
7. comic _____

8. someone _____
9. account _____
10. gradually _____
11. former _____
12. happen _____
13. everything _____
14. embarrass _____

B. 우리말과 같은 뜻의 영어 낱말을 쓰시오.

1. 경험 _____
2. 절하다 _____
3. 동굴 _____
4. 아직 _____
5. 교회 _____
6. 망치다 _____

7. 특별한 _____
8. 깃털 _____
9. 소리가 큰 _____
10. 순서 _____
11. 증오하다 _____
12. 반지 _____

C. 다음 우리말과 뜻이 같도록 문장을 완성하시오.

1. 바닥이 물에 젖었다.

   = The floor was _____ with water.

2. 적은 돈으로 너는 방을 꾸밀 수 있다.

   = You can _____ your room with a little money.

3. 몇 명을 너는 초대했니?

   = How many people did you _____?

4. 그는 대답을 하지 않았다. 대신 홱 돌아서더니 방을 나가 버렸다.

   = He didn't reply. _____, he turned on his heel and left the room.

Day 03

● **Preview Check** 오늘 학습할 낱말입니다. 이미 자신이 알고 있는 낱말에 ✔해 봅시다.

☐ throw	☐ lesson	☐ set	☐ infection	☐ risk
☐ wash	☐ several	☐ idiom	☐ private	☐ rice
☐ possible	☐ harmony	☐ pole	☐ tall	☐ situation
☐ rather	☐ participate	☐ parent	☐ social	☐ rate
☐ official	☐ chicken	☐ thing	☐ else	☐ migrate
☐ breakfast	☐ mind	☐ real	☐ method	☐ rough

수능
출제
랭킹

Basic

061

throw

[θrou]

图 threw - thrown **던지다**
● A child throw a stone into the lake.
꼬마가 돌멩이를 호수에 던졌다.

062

breakfast

[brékfəst]

명 **아침 식사**
● I got up late, so I didn't have breakfast.
나는 늦게 일어나서 아침을 먹지 못했다.

063

chicken

[tʃíkən]

명 **닭, 닭고기**
● My uncle keeps chickens in the back yard.
나의 삼촌은 뒷마당에 닭을 기른다.

064

parent

[pɛ́ərənt]

명 (-s) **부모** → grandparents 명 **조부모**
● My parents live in the country. 나의 부모님들은 시골에 사신다.

065

tall

[tɔːl]

형 **키가 큰** 반 short
● How tall are you? 키가 얼마나 되세요?

066

rice

[rais]

명 **벼, 쌀, 밥**
● Farmers grow rice in Korea. 한국에는 농부들이 벼를 재배한다.

067

wash

[wɑʃ]

图 **씻다**
● Wash your hands before eating. 식사 전에 손을 씻어라.

068

lesson

[lésn]

명 ① **수업** ② **과** ③ **교훈**
● I took Chinese lessons last year.
나는 작년에 중국어 수업을 받았다.

Intermediate

069

mind
[maind]

명 마음, 정신
● There were all kinds of thoughts running through my
mind. 나는 마음 속으로 만감이 교차했다.

070

thing
[θiŋ]

명 것, 사물
● He's good at making things with his hands.
그는 손으로 물건들을 만드는 것을 잘 한다.

071

social
[sóuʃəl]

형 사회의
● Team sports help to develop a child's social skills.
단체 운동은 아동의 사교술을 개발하는 데 도움이 된다.

072

situation
[sìtʃuéiʃən]

명 입장, 상황, 장소
● The town is in a delightful situation.
그 소도시는 쾌적한 환경 속에 있다.

073

possible
[pásəbl]

형 가능한 → possiblity 명 가능성
● It is possible to get there by bus.
거기에는 버스로 가는 것이 가능하다.

074

several
[sévərəl]

형 몇몇의
● Several letters arrived this morning.
몇 통의 편지가 오늘 오전에 도착했다.

075

set
[set]

동 set - set 놓다, 배치하다
● Can you set the table?
상을 차려 주실래요?

076

real
[ríːəl]

형 진짜의 → really 부 실제로
● We have a real chance of success.
우리는 실제로 성공할 가능성이 있다.

077

else
[els]

형 또 다른 부 달리
● Do you want anything else? 그 밖에 다른 것이 필요합니까?

078

rate
[reit]

명 ① 속도 ② 비율 ③ 요금
● His pulse rate dropped suddenly.
그의 맥박 속도가 갑자기 떨어졌다.

079

rather
[ræðər]

부 ① 오히려, 차라리 ② 다소, 꽤
● He is a writer rather than a scholar.
그는 학자라기보다 오히려 문필가이다.

080

harmony
[háːrməni]

명 ① 조화 ② 화합
- the harmony of colors 색채의 조화

081

idiom
[ídiəm]

명 ① 숙어 ② 언어
- the English idiom
  영국 사람 특유의 언어

082

infection
[infékʃən]

명 감염, 전염병 → infect 동 감염시키다
- This will help to prevent infection.
  이것이 감염을 막는데 도움이 될 거에요.
- spread an infection 전염병을 퍼뜨리다

083

method
[méθəd]

명 방법
- This method is not new.
  이 방법은 새로운 것이 아니다.

084

migrate
[máigreit]

동 이동하다, 이주하다
- The birds migrate to warm countries in winter.
  새는 겨울에 따뜻한 지방으로 이동한다.

085

official
[əfíʃəl]

형 공식적인
- He made an official visit to Tokyo in March.
  그는 3월에 도쿄를 공식 방문했다.

086

participate
[pɑːrtísəpeit]

동 참가하다 동 take part in
- Everyone can participate in an election.
  누구나 선거에 참여할 수 있다.

087

pole
[poul]

명 기둥 동 장대로 밀다
- They tied him to a pole. 그들은 그를 기둥에 묶었다.

088

private
[práivət]

형 사적인, 개인 소유의 → privacy 명 사생활
- in my private opinion 내 개인의 의견으로는
- Those are my father's private papers.
  그것들은 제 아버지 개인 서류들입니다.

089

risk
[risk]

명 위험 동 위태롭게 하다
- He risked his life to save her.
  그는 그녀를 구하기 위해 자기 목숨을 걸었다.

090

rough
[rʌf]

형 ① 거친 ② 개략적인
- The skin on her hands was rough.
  그녀의 손은 피부가 거칠었다.

A. 다음 낱말의 우리말 뜻을 쓰시오.

1. infection _____
2. real _____
3. participate _____
4. lesson _____
5. rough _____

6. else _____
7. social _____
8. migrate _____
9. risk _____
10. tall _____

B. 우리말과 같은 뜻의 영어 낱말을 쓰시오.

1. 비율 _____
2. 씻다 _____
3. 마음 _____
4. 아침 식사 _____
5. 던지다 _____
6. 부모 _____
7. 숙어 _____
8. 사적인 _____

9. 기둥 _____
10. 상황 _____
11. 닭 _____
12. 것 _____
13. 벼, 쌀 _____
14. 놓다 _____
15. 오히려 _____
16. 공식적인 _____

C. 다음 우리말과 뜻이 같도록 문장을 완성하시오.

1. 그는 인도에 대해 몇 권의 책을 썼다.

= He's written _____ books about India.

2. 제가 그녀에게 메시지를 남길 수 있을까요?

= Would it be _____ for me to leave a message for her?

3. 우리는 가정의 화합이 필요하다.

= We need _____ in the home.

4. 그의 사업 방식은 건전하다.

= His _____ of business is sound.

Day 04

● **Preview Check** 오늘 학습할 낱말입니다. 이미 자신이 알고 있는 낱말에 ✔해 봅시다.

☐ chair	☐ west	☐ reason	☐ someday	☐ beat
☐ empty	☐ afraid	☐ stock	☐ university	☐ sing
☐ least	☐ steel	☐ cell phone	☐ smell	☐ care
☐ total	☐ designer	☐ cook	☐ though	☐ popular
☐ twisted	☐ funny	☐ ever	☐ moment	☐ truth
☐ sugar	☐ result	☐ simple	☐ tribe	☐ chef

수능 출제 랭킹

Basic

091

chair
[tʃɛər]

명 의자
● This chair is comfortable. 이 의자는 안락하다.

092

sugar
[ʃúgər]

명 설탕
● We ran out of sugar. 우리는 설탕이 떨어졌다.

093

funny
[fʌ́ni]

형 funnier - funniest 재미있는 동 interesting
● a funny movie 재미있는 영화

094

cook
[kuk]

동 요리하다 명 요리사
● My mom cooked me dinner. 엄마가 내게 점심을 지어 주셨다.

095

smell
[smel]

동 smelt - smelt 냄새가 나다 명 냄새
● This flower smells sweet. 이 꽃은 달콤한 향기가 난다.

096

sing
[siŋ]

동 sang - sung 노래하다 → song 명 노래, singer 명 가수
● They sang for the old people. 그들은 노인들을 위해 노래를 했다.

097

empty
[émpti]

형 비어 있는 반 full 가득 찬 → emptiness 명 공허
● That box is empty. 저 상자는 비어있다.

098

west
[west]

명 서(西) → western 형 서쪽의
● The wind is blowing from the west. 바람이 서쪽에서 분다.

Intermediate

099

result
[rizʌ́lt]

명 결과 반 cause 원인
- This book is the result of 25 years of research.
  이 책은 25년간의 연구가 낳은 결과이다.

100

ever
[évər]

부 어느 때고, 언제나
- Have you ever seen a tiger? 호랑이를 본 적이 있습니까?

101

though
[ðou]

접 비록 ～이지만
- Anne was fond of Tim, though he often annoyed her.
  Anne은 Tim이 자신을 자주 짜증스럽게 했는데도 그를 좋아했다.

102

care
[kɛər]

명 ① 돌봄 ② 걱정 → careful 형 근심하는, 주의 깊은
- I know the heavy cares of my family.
  가족들이 매우 걱정하는 것을 알고 있습니다.
- take care of 돌보다(=look after)

103

least
[liːst]

형 가장 적은 부 가장 적게
- He's the best teacher, even though he has the least experience. 그는 비록 경험은 가장 적지만 가장 훌륭한 선생님이다.
- at least 최소한, 적어도

104

afraid
[əfréid]

형 두려워하는
- She is much afraid of snakes. 그녀는 뱀을 몹시 무서워한다.
- be afraid of ～을 무서워하다

105

reason
[ríːzn]

명 이유, 까닭
- I'd like to know the reason why you're so late.
  네가 왜 그렇게 늦었는지 이유를 알고 싶어.

106

simple
[símpl]

형 간단한, 단순한
- We lost because we played badly. It's as simple as that. 우리는 경기를 못했기 때문에 졌어. 그건 지극히 간단해.

107

moment
[móumənt]

명 잠깐
- Could you wait a moment, please? 잠깐만 기다려 주시겠어요?

108

popular
[pápjulər]

형 인기 있는 → popularity 명 인기
- He is popular with the other children.
  그는 어린이들 사이에 인기가 있다.

109

total
[tóutl]

형 ① 완전한 ② 총, 전체의
- The project was a total failure. 그 계획은 완전히 실패였다.
- The total number is 100. 총수는 100이다.

Advanced

110

steel
[stiːl]

명 강철
- My son works at a steel company.
  나의 아들은 **철강** 회사에 다닌다.

111

stock
[stɑk]

명 ① 재고(품), 저장품 ② 주식 동 비축하다
- That stock pays me 4%. 저 **주식**은 내게 4%의 이익을 준다.
- Do you stock green tea? 녹차 있나요?

112

someday
[sʌ́mdei]

부 언젠가
- I knew this would happen someday.
  언젠가는 이렇게 될 줄 알았어요.

113

tribe
[traib]

명 집단, 부족, 종족
- The six tribes fought each other.
  여섯 **부족**은 서로 싸웠다.

114

truth
[truːθ]

명 사실 → true 형
- scientific truths 과학적 사실
- There is no truth in the rumours. 그 소문들에는 진실성이 없다.

115

twisted
[twístid]

형 일그러진 → twist 동 구부리다, 비틀다
- His face was twisted with pain.
  그의 얼굴은 고통으로 **일그러졌다**.

116

designer
[dizáinər]

명 디자이너
- I want to be a designer. 나는 **디자이너**가 되고 싶다.

117

cell phone

명 휴대 전화 동 cellular phone, mobile phone
- What is your cell phone number? 너의 **휴대 전화** 번호가 뭐니?

118

university
[jùːnəvə́ːrsəti]

명 대학교
- a women's university 여자 대학교
- He's hoping to go to university next year.
  그는 내년에 **대학**에 들어가기를 바라고 있다.

119

beat
[biːt]

동 이기다, 물리치다 명 울림, 박자
- Alphago beat me at baduk. 알파고는 바둑에서 나를 **이겼다**.
- the beat of drums 북치는 소리

120

chef
[ʃef]

명 주방장
- Sam is the chef of the famous restaurant.
  Sam은 유명한 식당의 **주방장**이다.

A. 다음 낱말의 우리말 뜻을 쓰시오.

1. result　　＿＿＿＿＿＿
2. smell　　＿＿＿＿＿＿
3. simple　　＿＿＿＿＿＿
4. total　　＿＿＿＿＿＿
5. though　　＿＿＿＿＿＿
6. afraid　　＿＿＿＿＿＿
7. chef　　＿＿＿＿＿＿

8. moment　　＿＿＿＿＿＿
9. someday　　＿＿＿＿＿＿
10. tribe　　＿＿＿＿＿＿
11. designer　　＿＿＿＿＿＿
12. cell phone　　＿＿＿＿＿＿
13. beat　　＿＿＿＿＿＿
14. university　　＿＿＿＿＿＿

B. 우리말과 같은 뜻의 영어 낱말을 쓰시오.

1. 의자　　＿＿＿＿＿＿
2. 언제나　　＿＿＿＿＿＿
3. 설탕　　＿＿＿＿＿＿
4. 재미있는　　＿＿＿＿＿＿
5. 비어있는　　＿＿＿＿＿＿
6. 저장품　　＿＿＿＿＿＿

7. 돌봄　　＿＿＿＿＿＿
8. 요리하다　　＿＿＿＿＿＿
9. 이유　　＿＿＿＿＿＿
10. 노래하다　　＿＿＿＿＿＿
11. 강철　　＿＿＿＿＿＿
12. 사실　　＿＿＿＿＿＿

C. 다음 우리말과 뜻이 같도록 문장을 완성하시오.

1. 그녀가 일그러진 미소를 지었다.
   = She gave a ＿＿＿＿＿ smile.

2. 이것은 우리의 가장 인기 있는 디자인 중 하나입니다.
   = This is one of our most ＿＿＿＿＿ designs.

3. 어느 쪽이 서쪽이지?
   = Which way is ＿＿＿＿＿?

4. 적어도 나는 너한테 거짓말은 안해.
   = At ＿＿＿＿＿ I don't lie to you.

21

Day 05

● **Preview Check** 오늘 학습할 낱말입니다. 이미 자신이 알고 있는 낱말에 ✓해 봅시다.

☐ soft	☐ dirty	☐ within	☐ apology	☐ breathe
☐ teen	☐ public	☐ unit	☐ army	☐ moon
☐ amount	☐ advantage	☐ trade	☐ kid	☐ whole
☐ society	☐ tax	☐ gold	☐ report	☐ field
☐ refuse	☐ bear	☐ seem	☐ power	☐ justice
☐ pull	☐ price	☐ behavior	☐ campaign	☐ channel

수능 출제 랭킹

Basic

121

soft
[sɔːft]

형 부드러운 반 hard 딱딱한 → softly 분 부드럽게
● His voice is very soft. 그의 목소리는 매우 부드럽다.

122

pull
[pul]

동 당기다 동 draw 반 push 밀다
● We pulled the rope. 우리는 로프를 당겼다.

123

bear
[bɛər]

명 곰
● Run away if you see a bear. 곰을 보면 도망가라.

124

gold
[gould]

명 금 → golden 형 금으로 만든
● win a gold medal 금메달을 획득하다

125

kid
[kid]

명 아이 동 농담하다
● I want my kids to be healthy. 나는 아이들이 건강하기를 바란다.
● You're kidding! 설마 농담이지!

126

moon
[muːn]

명 달
● There's no moon tonight. 오늘 밤에는 달이 없다.

127

teen
[tiːn]

형 10대의 명 10대(= teenager)
● Laura has become a tiresome teen.
　Laura는 짜증스러운 십대가 되었다.

128

dirty
[də́ːrti]

형 더러운 반 clean 깨끗한 → dirt 명 먼지
● His room is dirty. 그의 방은 지저분하다.

Intermediate

129

price
[prais]

명 값, 가격
- What is the price of this? 이것은 가격이 얼마입니까?
- Boat for sale, price $2000. 보트 팝니다. 가격 2000달러.

130

seem
[si:m]

동 ~인 것 처럼 보이다
- It always seemed as though they would get married.
  항상 그들이 결혼을 할 것처럼 보였다.

131

report
[ripɔ́:rt]

동 알리다, 보도하다 명 보고 → reporter 명 기자, 보고자
- report the accident to the police 경찰에 그 사건을 알리다

132

whole
[houl]

형 모든, 전체의
- I ate the whole pie. 파이를 모두 먹었다.

133

amount
[əmáunt]

명 총액, 총계, 양 동 총계 ~에 달하다
- The loss from the flood amounts to ten million dollars. 홍수에 의한 손해는 1000만 달러에 달하고 있다.
- amount of air 공기량

134

public
[pʌ́blik]

형 ① 대중의 ② 공공의 ③ 공개적인 반 private 명 대중
- The government had to bow to public pressure.
  정부는 대중의 압력에 굴복해야 했다.

135

within
[wiðín]

전 ~ 이내에
- You should receive a reply within seven days.
  당신은 7일 이내에 답장을 받게 될 겁니다.

136

behavior
[bihéivjər]

명 행동 → behave 동 행동하다
- His curious behavior has many people worried.
  그의 이상한 행동으로 많은 이들이 걱정한다.

137

power
[páuər]

명 힘, 권력
- He has the power of holding his audience.
  그에게는 청중을 매료시키는 힘이 있다.

138

field
[fi:ld]

명 들판, 경기장
- People were working in the fields.
  사람들이 들판에서 일을 하고 있었다.

139

society
[səsáiəti]

명 사회 → social 형 사회적인, 사교적인
- Ants have a well-organized society.
  개미는 잘 조직된 사회를 이루고 있다.

Advanced

140

advantage
[ædvǽntidʒ]

몡 장점, 이점 앤 disadvantage
- Is there any advantage in getting there early?
  거기에 일찍 가는 게 무슨 **이점**이 있니?

141

unit
[júːnit]

몡 구성 단위
- The family is the unit of society. 가족은 사회의 **단위**다.

142

apology
[əpálədʒi]

몡 사과 → apologize 동 사과하다
- We received a letter of apology. 우리는 **사과** 편지를 받았다.

143

campaign
[kæmpéin]

몡 캠페인 동 캠페인을 벌이다
- Today police launched a campaign to reduce road accidents. 오늘 경찰이 교통사고를 줄이기 위한 **캠페인**에 착수했다.

144

justice
[dʒʌ́stis]

몡 공평성, 정의
- They are demanding equal rights and justice.
  그들은 동등한 권리와 **공평성**을 요구하고 있다.
- social justice 사회 정의

145

refuse
[rifjúːz]

동 거절하다 → refusal 몡 거절
- He refused nothing to his daughter.
  그는 딸이 무엇을 졸라도 **거절하지** 않았다.

146

tax
[tæks]

몡 세금 동 세금을 부과하다
- How much income tax do you pay?
  소득**세**는 얼마나 내십니까?
- It is unfair to tax rich and poor alike.
  부자나 가난한 사람이나 똑같이 **과세하는** 것은 불공평하다.

147

trade
[treid]

몡 무역, 거래 동 무역하다
- This computer is good for trade. 이 컴퓨터는 살 마음이 나게 한다.

148

army
[áːrmi]

몡 군대
- When did you join the army? 언제 군대에 갔다왔어요?

149

breathe
[briːð]

동 호흡하다 → breath 몡 숨
- He is breathing hard. 그는 거칠게 숨을 쉬고 있다.
- The flowers were breathing forth perfume.
  꽃들은 향기를 풍기고 있었다.

150

channel
[tʃǽnl]

몡 ① 채널 ② 수로, 해협
- What's on Channel 4 tonight? 오늘 밤 **채널** 4에서는 뭘 하지?
- Joe is going to swim the Korean Channel.
  Joe는 수영으로 대한 **해협**을 건널 예정이다.

A. 다음 낱말의 우리말 뜻을 쓰시오.

1. army _____
2. apology _____
3. advantage _____
4. within _____
5. unit _____
6. society _____
7. tax _____

8. power _____
9. soft _____
10. behavior _____
11. public _____
12. price _____
13. seem _____
14. justice _____

B. 우리말과 같은 뜻의 영어 낱말을 쓰시오.

1. 무역 _____
2. 호흡하다 _____
3. 캠페인 _____
4. 당기다 _____
5. 더러운 _____

6. 곰 _____
7. 총액 _____
8. 금 _____
9. 아이 _____
10. 달 _____

C. 다음 우리말과 뜻이 같도록 문장을 완성하시오.

1. 그녀는 문제가 있다는 것을 받아들이기를 거부했다.

    = She _____ to accept that there was a problem.

2. 우리는 마을 근처의 들판에 텐트를 쳤다.

    = We camped in a _____ near the village.

3. 7번 채널은 아프리카 사자에 대한 프로그램을 방영했다.

    = _____ 7 aired a show about lions in Africa.

4. 십대의 문화는 어른 문화와 다르다.

    = _____ culture is different from adult culture.

5. 알릴 일이 있으면 긴급 전화를 하게.

    = Call me urgently if you have anything to _____.

6. 나는 꼬박 한 시간 동안 여기서 기다리고 있다.

    = I've been waiting here for a _____ hour.

Day 06

● **Preview Check** 오늘 학습할 낱말입니다. 이미 자신이 알고 있는 낱말에 ✔해 봅시다.

☐ roof	☐ ear	☐ hurricane	☐ chief	☐ lean
☐ leg	☐ quite	☐ chemical	☐ greet	☐ cry
☐ common	☐ cheat	☐ fountain	☐ jacket	☐ college
☐ control	☐ extreme	☐ fry	☐ area	☐ service
☐ escape	☐ bridge	☐ serious	☐ cause	☐ credit
☐ push	☐ space	☐ imagine	☐ chore	☐ minimum

Basic

151

roof
[ruːf]

명 지붕
● The boy fell off the roof of the house.
그 소년은 그 집의 지붕에서 떨어졌다.

152

push
[puʃ]

동 밀다 반 pull 당기다 명 밀기
● Push here to open the door. 그 문을 열려면 여기를 누르세요.

153

bridge
[bridʒ]

명 다리
● That bridge is the longest in Korea.
저 다리는 한국에서 가장 길다.

154

fry
[frai]

동 fried - fried 기름에 튀기다
● What kind of oil did you fry this in?
이거 어떤 기름에 튀기셨어요?

155

jacket
[dʒǽkit]

명 상의
● This jacket looks great on you. 이 상의는 당신에게 잘 어울리네요.

156

cry
[krai]

동 cried - cried 울다 명 울음
● A baby is crying for milk. 어떤 아기가 젖을 달라고 울고 있다.

157

leg
[leg]

명 다리
● A dog walks with its four legs. 개는 네 발로 걷는다.

158

ear
[iər]

명 귀
● She held the rabbit by the ear. 그녀는 토끼의 귀를 잡았다.

159

space
[speis]

명 공간 → spaceman 명 우주인
● That desk takes up too much space.
저 책상은 공간을 너무 많이 차지한다.

160

serious
[síəriəs]

형 진지한, 심각한
● He was serious about the matter.
그는 그 일에 대해서는 진지했다.

161

area
[ɛ́əriə]

명 지역
● She knows the local area very well.
그녀는 그 지역 현지를 아주 잘 알고 있다.
● mountainous areas 산악 지역

162

college
[kálidʒ]

명 대학
● She's away at college in California.
그녀는 집을 떠나 캘리포니아에서 대학을 다닌다.

163

common
[kámən]

형 보통의, 공통의
● Jackson is a common English name.
Jackson은 흔한 영어 이름이다.

164

quite
[kwait]

부 꽤, 상당히
● I am not quite well. 나는 아직은 완쾌되지가 않았다.

165

hurricane
[hə́:rəkèin]

명 대폭풍, 허리케인
● Hurricane Betty is now approaching the coast of Florida. 허리케인 베티가 현재 플로리다 해안으로 접근해 오고 있다.

166

imagine
[imǽdʒin]

동 상상하다 → imaginary 형 가상의
● Just imagine how angry I was!
내가 얼마나 화가 났었겠나 생각 좀 해봐!

167

cause
[kɔːz]

명 원인 반 effect, result 결과 동 ~의 원인이 되다
● There was discussion about the fire and its cause.
그 화재와 그것의 원인에 대해 논의가 있었다.

168

service
[sə́:rvis]

명 ① 봉사 ② 공공 사업 → serve 동 봉사하다
● You need the services of a doctor.
당신은 의사의 진찰을 받을 필요가 있다.

166

control
[kəntróul]

명 지배, 통제 동 지배하다, 조정하다
● The city is under enemy control.
그 도시는 적의 지배를 받고 있다.

27

Advanced

170

cheat
[tʃi:t]

동 속이다 명 사기꾼
- He cheated me out of my money.
  그는 나를 속여서 나의 돈을 빼앗아 갔다.

171

chemical
[kémikəl]

형 화학의 명 화학 물질 → chemistry 명 화학
- People use chemical agents to clean things.
  사람들은 청소하는 데에 화학 약품을 사용한다.

172

chief
[tʃi:f]

형 주된 명 최고위자
- the chief thing to do 우선해야 할 중요한 일
- I am a close friend of the chief of police.
  저는 경찰청장의 친한 친구입니다.

173

chore
[tʃɔ:r]

명 일, 따분한 일, 허드렛일
- Doing house chores is tiring. 집안일을 하는 것은 피곤하다.

174

credit
[krédit]

명 신용(외상) 거래
- Can I buy a car on credit? 차를 외상으로 살 수 있나요?

175

escape
[iskéip]

동 탈출하다 명 탈출
- The soldier escaped from the enemy's camp.
  그 병사는 적의 수용소로부터 탈출했다.

176

extreme
[ikstrí:m]

형 극도의, 지나친 → extremely 부 극도로
- I am under extreme stress. 나는 극심한 스트레스를 받고 있다.

177

fountain
[fáuntən]

명 ① 분수 ② 원천
- Emma and I will meet at the fountain tonight.
  Emma와 나는 오늘 밤 분수대에서 만날 것이다.
- Tourism is a fountain of wealth for the city.
  관광업은 그 도시의 부의 원천이다.

178

greet
[gri:t]

동 인사하다, 환영하다 → greeting 명 인사
- She greeted us with a smile. 그녀가 미소로 우리를 맞았다.

179

lean
[li:n]

동 숙이다, 기대다 형 야윈, 마른 동 thin
- She walked slowly, leaning on her son's arm.
  그녀는 아들의 팔에 의지하여 천천히 걸었다.

180

minimum
[mínəməm]

형 최저의 명 최소한도 반 maximum 최대의, 최대한
- He was content with the minimum of comfort.
  그는 최소한의 안락으로 만족하고 있었다.

A. 다음 낱말의 우리말 뜻을 쓰시오.

1. credit _____
2. college _____
3. space _____
4. roof _____
5. chore _____
6. extreme _____
7. minimum _____

8. cause _____
9. chemical _____
10. area _____
11. push _____
12. fry _____
13. fountain _____
14. jacket _____

B. 우리말과 같은 뜻의 영어 낱말을 쓰시오.

1. 지배 _____
2. 탈출하다 _____
3. 서비스 _____
4. 인사하다 _____
5. 다리 _____
6. 귀 _____

7. 심각한 _____
8. 상상하다 _____
9. 속이다 _____
10. 다리 _____
11. 울다 _____
12. 기대다 _____

C. 다음 우리말과 뜻이 같도록 문장을 완성하시오.

1. 그는 운동을 꽤 잘한다.

= He plays _____ well.

2. 이분은 이곳의 최고 지위자십니다.

= This is the big _____ here.

3. 그 두 문화에는 공통되는 것이 많다.

= The two cultures have a lot in _____.

4. 허리케인으로 나무들이 땅에 쓰러졌다.

= A _____ cast trees to the ground.

Day 07

● **Preview Check** 오늘 학습할 낱말입니다. 이미 자신이 알고 있는 낱말에 ✔해 봅시다.

☐ stomach	☐ count	☐ form	☐ persuade	☐ native
☐ pants	☐ toward	☐ monster	☐ sneakers	☐ cap
☐ modern	☐ mission	☐ slip	☐ bread	☐ local
☐ period	☐ slice	☐ bicycle	☐ system	☐ behind
☐ scream	☐ toilet	☐ sense	☐ process	☐ realistic
☐ angel	☐ role	☐ bump	☐ port	☐ surface

수능 출제 랭킹 Basic

181

stomach
[stʌ́mək]

명 배, 위
● You shouldn't exercise on a full stomach.
배가 부를 때에는 운동을 하지 않아야 한다.

182

angel
[éindʒəl]

명 천사
● She looks like a little angel. 그녀는 작은 천사처럼 보인다.

183

toilet
[tɔ́ilit]

명 화장실 동 bathroom
● I need to go to the toilet. 나는 화장실 가야겠어.

184

bicycle
[báisikl]

명 자전거 동 bike
● I go to school by bicycle. 나는 자전거를 타고 통학한다.

185

bread
[bred]

명 빵
● I like rice more than bread. 나는 빵보다 밥을 좋아한다.

186

cap
[kæp]

명 모자
● a baseball cap 야구 모자

187

pants
[pænts]

명 바지
● a pair of pants 바지 한 벌

188

count
[kaunt]

동 수를 세다 동 calculate 명 계산
● count from 1 to 10 1부터 10까지 세다

189

role
[roul]

명 역할, 역 동 part
- Who is in the leading role? 주역은 누가 맡나요?

190

sense
[sens]

명 감각, 느낌, 의미 → sensible 형 양식있는, sensitive 형 예민한, 민감한
- Dogs have a keen sense of smell. 개는 후각이 예민하다.
- the five senses 오감
- a sense of hunger 공복감

191

system
[sístəm]

명 제도, 체계
- This book has no system in it. 이 책은 체계적으로 쓰여 있지 않다.
- a system of grammar 문법 체계
- the British educational system 영국의 교육 제도

192

local
[lóukəl]

형 현지의, 지역의
- The local time is 10:50 in the morning.
  현지 시각은 오전 10시 50분입니다.

193

modern
[mádərn]

형 현대의
- Stress is a major problem of modern life.
  스트레스는 현대 생활의 주요 문제이다.

194

toward
[tɔ:rd]

전 ~쪽으로, ~을 향하여
- Two men are walking toward the car park.
  두 남자가 옥외 주차장 쪽으로 걸어가고 있다.

195

form
[fɔ:rm]

명 유형 → formal 형 격식을 차린
- Her swimming form is very good. 그녀의 수영 폼은 아주 좋다.

196

bump
[bʌmp]

동 부딪치다 명 돌출부 → bumper 명 (자동차) 범퍼
- In the dark I bumped into a chair.
  어둠 속에서 내가 의자에 부딪쳤다.

197

process
[práses]

명 과정, 절차
- We're in the process of selling our house.
  우리는 우리 집을 파는 절차를 밟고 있다.

198

behind
[biháind]

전 ~의 뒤에
- She glanced behind her. 그녀가 뒤를 힐끗 돌아보았다.

199

period
[pí:əriəd]

명 기간, 시대
- Lisa stayed at the hotel for a long period.
  Lisa는 오랜 기간 동안 호텔에 머물렀다.

200

mission
[míʃən]

명 임무, 사명
● carry out the mission 임무를 수행하다

201

monster
[mánstər]

명 괴물 형 기이하게 큰
● a monster with three heads 머리가 셋 달린 괴물

202

persuade
[pərswéid]

동 설득하다 → persuasion 명 설득
● He tried to persuade me to his way of doing.
그는 나를 설득하여 자신이 하는 방식대로 시키려고 했다.

203

port
[pɔːrt]

명 항구
● Rotterdam is a major port. 로테르담은 큰 항구이다.

204

realistic
[rìːəlístik]

형 현실적인
● We have to be realistic about our chances of winning. 우리는 이길 가능성에 대해 현실적이어야 한다.

205

scream
[skriːm]

동 비명을 지르다 명 비명, 절규
● She screamed for help. 그녀는 살려달라고 비명을 질렀다.

206

slice
[slais]

명 조각
● Cut the meat into thin slices. 고기를 얇은 조각으로 썰어라.

207

slip
[slip]

동 미끄러지다 → slippery 형 미끄러운
● She slipped over on the ice and broke her leg.
그녀는 빙판 위에서 미끄러져 다리가 부러졌다.
● She knew that time was slipping away.
그녀는 시간이 후딱 지나가 버린다는 것을 알고 있었다.

208

sneakers
[sníːkərz]

명 운동화
● a new pair of sneakers 새 운동화 한 켤레

209

native
[néitiv]

형 ① 출생지의, 태어난 곳의 ② 오래 산
● My native country is Korea.
나의 모국은 한국이다.

210

surface
[sə́ːrfis]

명 표면
● The yacht is sailing on the surface of the sea.
그 요트는 바다 표면 위로 항해 중이다.

A. 다음 낱말의 우리말 뜻을 쓰시오.

1. process _____
2. period _____
3. port _____
4. stomach _____
5. form _____
6. scream _____

7. slice _____
8. system _____
9. persuade _____
10. realistic _____
11. local _____
12. toilet _____

B. 우리말과 같은 뜻의 영어 낱말을 쓰시오.

1. 괴물 _____
2. 뒤에 _____
3. 미끄러지다 _____
4. 감각 _____
5. 현대의 _____
6. 자전거 _____

7. 천사 _____
8. 임무 _____
9. 빵 _____
10. 모자 _____
11. 바지 _____
12. ~ 쪽으로 _____

C. 다음 우리말과 뜻이 같도록 문장을 완성하시오.

1. 그것이 달 표면에 착륙하고 있는 중입니다.

   = It's landing on the moon _____.

2. 그녀는 젊은이들에게 훌륭한 롤 모델입니다.

   = She's a _____ model for young people.

3. Billy는 아직 수를 셀 줄 모른다.

   = Billy can't _____ yet.

4. 당신의 모국어는 무엇입니까?

   = What's your _____ language?

5. 트럭이 우리 차를 쾅하고 받았다.

   = The truck _____ our car.

6. 나는 운동장에서는 운동화 신기를 좋아한다.

   = I like to wear a pair of _____ on the playground.

Day 08

● **Preview Check** 오늘 학습할 낱말입니다. 이미 자신이 알고 있는 낱말에 ✔해 봅시다.

☐ polite	☐ textbook	☐ physical	☐ vision	☐ fear
☐ honest	☐ offer	☐ tragedy	☐ fault	☐ delicious
☐ value	☐ nearly	☐ code	☐ paint	☐ environment
☐ major	☐ transfer	☐ map	☐ against	☐ bit
☐ whistle	☐ cute	☐ sign	☐ brain	☐ voluntary
☐ wake	☐ provide	☐ thus	☐ vivid	☐ spill

Basic

211

polite
[pəláit]

형 공손한 반 impolite 무례한
● We need to be more polite to strangers.
우리는 낯선 사람들에게 좀 더 공손할 필요가 있다.

212

wake
[weik]

동 woke - woken 깨다 → awake 형 깨어 있는
● I woke up at six this morning. 나는 오늘 아침 6시에 일어났다.

213

cute
[kju:t]

형 귀여운 유 pretty
● look cute 귀여워 보이다

214

map
[mæp]

명 지도
● read the map 지도를 보다

215

paint
[peint]

동 ① 페인트를 칠하다 ② 그리다 명 페인트, 그림물감
● He painted the wall yellow. 그는 그 담을 노랗게 칠했다.

216

delicious
[dilíʃəs]

형 맛있는 동 tasty
● This bread is delicious. 이 빵은 맛있다.

217

honest
[ánist]

형 정직한 → honesty 명 정직
● an honesty young man 정직한 젊은이

218

textbook
[tékstbuk]

명 교과서
● Open your textbook to page 77. 교과서 77쪽을 펴세요.

Intermediate

219

provide
[prəváid]

동 공급하다 → provided 접 만약 ~라면
- The trees provide us with fruit.
  그 나무는 우리에게 과일을 제공한다.

220

sign
[sain]

명 ① 부호 ② 신호, 조짐 ③ 표지판
- Call the police at the first sign of trouble.
  문제의 조짐이 있으면 바로 경찰을 불러라.

221

against
[əgénst]

전 ~에 반대하여, ~에 맞서
- There is nothing against him. 그에게 불리한 것은 아무것도 없다.
- fight against the enemy 적과 싸우다

222

environment
[inváiərənmənt]

명 환경
- A home environment affects a child's behaviour.
  가정 환경은 아동의 행동에 영향을 준다.

223

value
[vǽljuː]

명 가치 → valuable 형 값비싼
- The winner will receive a prize to the value of $1,000. 우승자는 1,000달러에 상당하는 부상을 받게 된다.

224

offer
[ɔ́ːfər]

동 ① 제안하다 ② 주다
- We offered him a better position.
  우리는 그에게 보다 더 좋은 지위를 맡도록 제안했다.

225

physical
[fízikəl]

형 ① 신체의 ② 물질의
- He tends to avoid all physical contact.
  그는 모든 신체 접촉을 피하는 경향이 있다.

226

thus
[ðʌs]

부 이와 같이, 그러므로
- Many scholars have argued thus.
  많은 학자들이 이와 같이 주장해 왔다.

227

brain
[brein]

명 ① 뇌 ② 두뇌
- He hasn't much brains. 그는 머리가 그다지 좋지 않다.

228

bit
[bit]

명 조금
- It costs a bit more than I wanted to spend.
  그것은 내가 쓰려던 액수보다 조금 비싸다.

229

major
[méidʒər]

형 ① 큰, 중요한 반 minor 작은 ② 전공의
- We have faced major problems.
  우리는 중대한 문제들에 직면해 왔다.

 **Advanced**

230

nearly
[níərli]

튀 ① 거의 ② 가까이
• I was nearly killed in the accident.
나는 그 사고로 거의 죽을 뻔 했다.

231

tragedy
[trǽdʒədi]

명 비극 반 comedy 희극 → tragic 형 비극적인
• 'Macbeth' is a famous tragedy by Shakespeare.
「맥베스」는 셰익스피어작의 유명한 비극이다.

232

vision
[víʒən]

명 ① 시력 ② 통찰력
• Cats have good night vision. 고양이는 밤눈이 밝다.

233

vivid
[vívid]

형 생생한
• He gave a vivid account of his life as a fighter pilot.
그는 전투기 조종사로서 보낸 자기 삶에 대해 생생한 이야기를 들려주었다.

234

voluntary
[vɑ́ləntèri]

형 자발적인 → volunteer 동 자원하다, 명 자원봉사자
• She does voluntary work in her free time.
그녀는 여가 시간에 자원봉사 일을 한다.

235

whistle
[hwísl]

명 호루라기 동 휘파람을 불다
• The referee finally blew the whistle to stop the game. 심판이 마침내 호각을 불어 경기를 중단시켰다.

236

transfer
[trænsfɔ́ːr]

동 옮기다
• Her husband has been transferred to another branch in Boston. 그녀의 남편은 보스턴의 다른 지점으로 전근되었다.

237

code
[koud]

명 암호, 부호 동 부호로 처리하다
• Tap your code number into the machine.
기계에 당신의 비밀 번호를 넣으시오.

238

fault
[fɔːlt]

명 잘못 동 흠잡다
• I can find no fault in him. 그에게는 결점이 없다.

239

fear
[fiər]

명 무서움 동 무서워하다 → fearful 형 걱정하는
• The child was shaking with fear.
그 아이는 무서워서 떨고 있었다.

240

spill
[spil]

동 spilt - spilt 엎지르다, 흘리다
• Water had spilled out of the bucket onto the floor.
양동이에서 바닥으로 물이 흘러나와 있었다.

36

A. 다음 낱말의 우리말 뜻을 쓰시오.

1. vision _____
2. major _____
3. tragedy _____
4. nearly _____
5. sign _____
6. polite _____
7. honest _____

8. physical _____
9. wake _____
10. paint _____
11. value _____
12. map _____
13. fear _____
14. offer _____

B. 우리말과 같은 뜻의 영어 낱말을 쓰시오.

1. 조금 _____
2. 옮기다 _____
3. 암호 _____
4. 맛있는 _____
5. 흘리다 _____
6. 이와 같이 _____

7. 호루라기 _____
8. 공급하다 _____
9. 환경 _____
10. 귀여운 _____
11. 교과서 _____
12. 생생한 _____

C. 다음 우리말과 뜻이 같도록 문장을 완성하시오.

1. 조심성이 없는 것은 네 자신의 잘못이다.

   = It's your own _____ for being careless.

2. 그는 늘 집안 최고의 두뇌였다.

   = He's always been the _____ of the family.

3. 많은 자원 봉사자들이 올림픽 경기에서 활약했다.

   = Many _____ helpers were active in the Olympic Games.

4. 그녀는 그를 만나는 것에 반대한다.

   = She is _____ seeing him.

Day 09

● **Preview Check** 오늘 학습할 낱말입니다. 이미 자신이 알고 있는 낱말에 ✔해 봅시다.

☐ shoulder	☐ ant	☐ snake	☐ last	☐ fee
☐ soft	☐ successful	☐ cart	☐ treasure	☐ west
☐ century	☐ anxiety	☐ spin	☐ empty	☐ product
☐ intend	☐ scared	☐ cook	☐ item	☐ exchange
☐ export	☐ funny	☐ choice	☐ nature	☐ tip
☐ sugar	☐ success	☐ growth	☐ civil	☐ award

수능
출제
랭킹

Basic

241

shoulder
[ʃóuldər]

명 어깨
● Emma tapped him on the shoulder.
　Emma가 그의 어깨를 톡톡 두드렸다.

242

ant
[ænt]

명 개미
● He turned the farmer into an ant.
　그는 농부를 개미로 변하게 만들었다.

243

snake
[sneik]

명 뱀
● The snake is fixing its eyes on a frog.
　뱀이 개구리를 노리고 있다.

244

last
[læst]

형 마지막의, 최후의　동 계속되다
● I slept for 2 hours last night.　나는 지난밤에 2시간 잤다.

245

sometime
[sʌmtáim]

부 언젠가　→ sometimes 부 때때로, 가끔
● He will come sometime.　그는 언제고 올 것이다.

246

dive
[daiv]

동 물속으로 뛰어들다
● I dived into the pool.　나는 수영장으로 뛰어들었다.

247

type
[taip]

명 종류, 유형　→ typical 형 전형적인
● This type of book is popular.　이런 종류의 책이 인기가 있다.
● women of the blond type　금발인 여성

248

million
[míljən]

명 100만
● It must be worth a million.
그것은 틀림없이 가치가 100만원은 될 것이다.

Intermediate

249

success
[səksés]

명 성공 → successful 형 성공적인
● What's the secret of your success?
당신의 성공 비결은 뭔가요?

250

choice
[tʃɔis]

명 선택 → choose 동 뽑다
● There is a wide range of choices open to you.
당신에게는 폭넓은 선택의 기회가 주어져 있습니다.

251

item
[áitəm]

명 항목, 품목, 물품
● What's the next item on the agenda?
의제에 올라 와 있는 다음 항목은 무엇입니까?

252

product
[prádʌkt]

명 생산물 → produce 동 생산하다
● We need new products to sell.
우리는 새로운 판매 상품이 필요하다.
● natural products 천연 산물

253

century
[séntʃəri]

명 세기(100년)
● It was built at the turn of the century.
그것은 세기말에 지어졌다.

254

successful
[səksésfəl]

형 성공한 → success 명 성공
● He is successful in everything. 그는 어떤 일을 하더라도 잘 된다.

255

talent
[tǽlənt]

명 재능
● Sora has a talent for music. Sora는 음악적 재능이 있다.

256

growth
[grouθ]

명 ① 성장 ② 증가, 증대 → grow 동 자라다, 증가하다
● It will continue its rapid growth. 고도 성장을 계속할 것이다.

257

nature
[néitʃər]

명 자연
● Nature is the best doctor. 자연은 가장 좋은 의사다.

258

exchange
[ikstʃéindʒ]

명 교환 동 교환하다
● Please exchange this purchase for me.
이 구매품을 교환해 주세요.

259

intend
[inténd]

동 ~할 작정이다, 의도하다 → intention 명 의도
● I didn't intend to hurt her.
나를 그녀를 다치게 할 의도는 아니었어.

260
anxiety
[æŋzáiəti]

명 걱정거리 → anxious 형 걱정하는
* She is all anxiety. 그녀는 매우 근심하고 있다.

261
cart
[kɑːrt]

명 수레 동 운반하다
* a shopping cart 쇼핑 카트

262
illustrate
[íləstrèit]

동 삽화를 넣다
* The writer has illustrated the book with some excellent pictures. 저자는 책에 훌륭한 그림으로 삽화를 넣었다.

263
civil
[sívəl]

형 ① 시민의 ② 예의 바른 → civilized 형 문명화된
* We should protect our civil rights.
우리는 시민의 권리를 보호해야 한다.

264
tip
[tip]

명 ① 끝 ② 봉사료 ③ 조언
* the southern tip of the island 그 섬의 남쪽 끝
* I gave the waiter a tip. 나는 그 종업원에게 봉사료를 주었다.
* tips on how to save money 돈을 저축하는 방법에 대한 조언들

265
export
[ikspɔ́ːrt]

동 수출하다 명 [ékspɔːrt] 수출, 수출품
* Kia exports cars to the world. 기아는 자동차를 세계로 수출한다.

266
scared
[skɛərd]

형 무서워하는
* He's scared of heights. 그는 높은 곳을 무서워한다.
* a scared look 겁먹은 표정

267
spin
[spin]

동 돌다 명 회전
* The boy was spinning his top. 그 소년은 팽이를 돌리고 있었다.
* the spin of the earth 지구의 자전

268
treasure
[tréʒər]

명 보물 동 소중히 여기다
* There was treasure buried in the island.
그 섬에는 보물이 묻혀 있었다.
* I treasure his friendship. 나는 그의 우정을 대단히 귀하게 여긴다.

269
fee
[fiː]

명 요금, 수수료
* How much is the entrance fee? 입장료가 얼마입니까?

270
award
[əwɔ́ːrd]

명 상 동 prize
* Lisa got the first award at the competition.
Lisa는 그 대회에서 1등 상을 받았다.

A. 다음 낱말의 우리말 뜻을 쓰시오.

1. century _____
2. sometime _____
3. successful _____
4. talent _____
5. shoulder _____

6. choice _____
7. type _____
8. award _____
9. snake _____
10. last _____

B. 우리말과 같은 뜻의 영어 낱말을 쓰시오.

1. 성공 _____
2. 보물 _____
3. 삽화를 넣다 _____
4. 회전 _____
5. 걱정거리 _____
6. 자연 _____
7. 개미 _____

8. 시민의 _____
9. 다이빙하다 _____
10. 생산물 _____
11. 100만 _____
12. 요금 _____
13. 수출 _____
14. 의도하다 _____

C. 다음 우리말과 뜻이 같도록 문장을 완성하시오.

1. 신규 물품 정보를 준비하여 점포에 제공한다.

= Prepare all new _____ information for stores.

2. 나는 무서워서 죽을 것만 같았다.

= I was _____ to death.

3. 식물의 성장에는 햇빛이 필요하다.

= Sunlight is needed for plant _____.

4. 당신은 얼마를 교환하실래요?

= How much would you like to _____?

5. 남자들이 손수레를 빌리고 있다.

= The men are lending the _____.

6. 그는 웨이터에게 봉사료를 후하게 주었다.

= He gave the waiter a generous _____.

Day 010

● **Preview Check** 오늘 학습할 낱말입니다. 이미 자신이 알고 있는 낱말에 ✔해 봅시다.

☐ cow	☐ surprising	☐ extra	☐ announcer	☐ traffic
☐ queen	☐ spray	☐ animation	☐ average	☐ corn
☐ share	☐ although	☐ bill	☐ president	☐ return
☐ trouble	☐ international	☐ scientist	☐ ground	☐ shape
☐ culture	☐ fan	☐ tend	☐ similar	☐ anytime
☐ doll	☐ save	☐ hatch	☐ anymore	☐ identify

수능 출제 랭킹

Basic

271

cow
[kau]

명 암소
● How many cows are there on your farm?
당신의 농장에는 소가 몇 마리입니까?

272

doll
[dɑl]

명 인형
● My little sister likes dolls. 나의 여동생은 **인형**을 좋아한다.

273

fan
[fæn]

명 ① 팬 ② 선풍기
● My son is a basketball fan. 나의 아들은 농구팬이다.

274

scientist
[sáiəntist]

명 과학자 → science 명 과학 scientific 형 과학적인
● My father is a famous scientist. 나의 아빠는 유명한 **과학자**이다.

275

president
[prézədənt]

명 대통령, 교장, 회장
● the president of the United States 미국 대통령

276

corn
[kɔːrn]

명 옥수수
● Corn is growing well in the fields. 밭의 옥수수는 잘 자란다.

277

queen
[kwiːn]

명 여왕 반 king 왕
● My wife is the queen in my house.
나의 아내는 집에서 여왕이다.

278
surprising
[sərpráiziŋ]

형 놀라운 → surprisingly 부 놀랍게도
- My friend told me a surprising story.
  나의 친구는 나에게 놀라운 이야기를 했다.

Intermediate

279
save
[seiv]

동 ① 구하다 ② 절약하다 ③ 모으다, 저금하다
- Doctors were unable to save her.
  의사들은 그녀를 구하지 못했다.

280
tend
[tend]

동 경향이 있다
- He tends to hide things. 그는 물건을 숨기는 경향이 있다.

281
ground
[graund]

명 땅, 땅바닥
- He lost his balance and fell to the ground.
  그가 몸의 균형을 잃고 땅바닥으로 넘어졌다.

282
return
[ritə́:rn]

동 돌아오다 명 돌아옴
- When did she return home from the trip?
  그녀가 언제 그 여행에서 돌아왔나요?

283
share
[ʃɛər]

동 함께 쓰다, 나누다
- Sue shares a house with three other students.
  Sue는 다른 세 명의 학생들과 집을 함께 쓴다.

284
spray
[sprei]

명 물보라 동 뿌리다
- A cloud of fine spray came up from the waterfall.
  폭포에서는 구름 같은 고운 물보라가 피어올랐다.

285
extra
[ékstrə]

형 추가의
- Take extra care on the roads this evening.
  오늘 밤에는 도로 운행 시 각별히 조심하시기 바랍니다.

286
hatch
[hætʃ]

동 부화하다
- Ten chicks hatched out this morning.
  오늘 아침에 병아리 열 마리가 부화했다.

287
similar
[símələr]

형 비슷한 → similarly 부 비슷하게
- Your opinion is similar to mine.
  너의 의견은 나의 의견과 비슷하다.

288
shape
[ʃeip]

명 모양
- What shape is it? 그것은 어떤 모양을 하고 있는가?

289
trouble
[trʌbl]

명 문제 → troublesome 형 골칫거리인
- You must not make any more trouble for your teacher.
  너는 더 이상 선생님에게 걱정을 끼쳐서는 안된다.

Advanced

290

although
[ɔːlðóu]

졉 비록 ~이긴 하지만
- Although he was not handsome, there was something agreeable in his manner.
  그는 미남자는 아니지만, 그 태도에는 어딘지 모르게 마음에 드는 데가 있었다.

291

animation
[æ̀nəméiʃən]

몡 ① 생기 ② 만화 영화, 에니메이션
- My hobby is to watch animation.
  나의 취미는 만화 영화 시청이다.

292

announcer
[ənáunsər]

몡 방송 진행자, 아나운서
- What sport is the announcer talking about?
  아나운서는 무슨 경기에 대해 이야기하고 있는가?

293

anymore
[ènimɔ́ːr]

븜 (부정문, 의문문) ① 요즘은 ② 이제, 더이상
- He doesn't live here anymore. 지금은 여기에 살지 않는다.
- I don't want to eat by myself anymore.
  난 더 이상 혼자 먹고 싶지 않아요.

294

anytime
[ènitáim]

븜 언제든지
- I can do better than that anytime.
  나는 언제 해도 그보다 잘 할 수 있다.

295

culture
[kʌ́ltʃər]

몡 문화
- The children are taught to respect different cultures.
  아이들은 다른 문화를 존중하라는 가르침을 받는다.
- culture shock 문화 충격

296

international
[ìntərnǽʃənəl]

혱 국제적인
- Does your father work in international trade?
  너의 아버지께서는 국제 무역업을 하시니?

297

bill
[bil]

몡 고지서, 청구서, 계산서
- She always pays her bills on time.
  그녀는 항상 고지서 요금을 제때 낸다.

298

average
[ǽvəridʒ]

혱 평균의 몡 평균
- I sleep average of eight hours a day.
  나는 하루에 평균 8시간 잔다.

299

traffic
[trǽfik]

몡 교통 햅 traffic light 교통 신호등
- The police are controlling traffic. 경찰이 교통을 통제하고 있다.

300

identify
[aidéntəfài]

됩 확인하다, 알아보다 → identity 몡 신원, 신분, 정체성
- They didn't identify the woman.
  그들은 그녀가 누구인지 확인하지 않았다.

A. 다음 낱말의 우리말 뜻을 쓰시오.

1. anymore _____
2. average _____
3. international _____
4. return _____
5. spray _____
6. although _____

7. culture _____
8. shape _____
9. traffic _____
10. share _____
11. similar _____
12. scientist _____

B. 우리말과 같은 뜻의 영어 낱말을 쓰시오.

1. 문제 _____
2. 경향이 있다 _____
3. 암소 _____
4. 대통령 _____
5. 옥수수 _____
6. 땅바닥 _____

7. 만화 영화 _____
8. 인형 _____
9. 확인하다 _____
10. 선풍기 _____
11. 여왕 _____
12. 부화하다 _____

C. 다음 우리말과 뜻이 같도록 문장을 완성하시오.

1. 늘 집에 있으니까 언제든지 전화해.
   = Call me _____, I'm always home.

2. 계산서가 너무 많이 나오겠어요.
   = The _____ will be too high.

3. 저는 항상 아나운서가 되고 싶었죠.
   = I've always wanted to be an _____.

4. 급행열차는 가외로 돈을 더 치르지 않으면 안 된다.
   = You have to pay _____ for an express train.

5. 우리는 놀랍도록 많은 공통점을 지니고 있었다.
   = We had a _____ amount in common.

6. 당신이 저를 구해주셨어요.
   = You _____ my life.

Day 011

● **Preview Check** 오늘 학습할 낱말입니다. 이미 자신이 알고 있는 낱말에 ✓해 봅시다.

☐ hide	☐ nurse	☑ recent	☐ produce	☐ notice
☐ cloud	☐ level	☐ loss	☐ hug	☐ cheap
☐ foreign	☐ develop	☐ decide	☐ basket	☐ view
☐ realize	☐ quality	☐ hill	☐ solve	☐ creative
☐ prefer	☐ finger	☐ solution	☐ create	☐ lead
☐ dish	☐ insect	☐ various	☐ advice	☐ pause

Basic

수능 출제 랭킹

301

hide
[haid]

통 hid - hidden 숨기다
● The child is hiding behind the curtain.
그 아이는 커튼 뒤에 숨어 있다.

302

dish
[diʃ]

명 ① 접시 동 plate ② 요리
● Will you wash the dishes after dinner? 저녁 후 설거지하실래요?

303

finger
[fíŋgər]

명 손가락 참 thumb 엄지
● He hurt his finger while playing basketball.
그는 농구를 하다가 손가락을 다쳤다.

304

hill
[hil]

명 언덕
● A castle used to stand on the hill.
성이 언덕 위에 과거에는 있었는데 지금은 없다.

305

basket
[bǽskit]

명 바구니 합 basketball 농구
● a clothes basket 세탁물 바구니

306

cheap
[tʃi:p]

형 값이 싼 반 expensive 비싼
● This pair of sneakers is very cheap.
이 운동화는 값이 매우 싸다.

307

cloud
[klaud]

명 구름 → cloudy 형 구름 낀
● Clouds are covering the sky. 구름이 하늘을 덮고 있다.

308

nurse
[nəːrs]

명 간호사 동 젖을 먹이다, 보살피다
● The nurse helps the doctor. 간호사는 의사를 돕는다.

309

insect
[ínsekt]

명 곤충, 벌레
- The spider eats the insect at a later time.
  그 거미는 나중에 그 곤충을 먹는다.

310

solution
[səlú:ʃən]

명 해결책
- Do you have a better solution? 더 나은 해결책이 있으세요?

311

solve
[sɑlv]

동 해결하다, 풀다
- Nobody has ever solved the mystery.
  아무도 그 신비를 해결한 사람이 없다.
- solve a riddle 수수께끼를 풀다

312

view
[vju:]

명 ① 보기 ② 견해
- It was our first view of the ocean.
  그때 우리는 처음으로 대양을 보았다.

313

foreign
[fɔ́:rən]

형 외국의
- She was foreign by the way she dressed.
  그녀는 옷 입는 방식을 보니 외국인이었다.

314

level
[lévəl]

명 수준, 정도
- Profits were at the same level as the year before.
  수익이 그 전년도와 동일한 정도였다.

315

recent
[rí:snt]

형 최근의 → recently 부 최근에
- The school system has changed a great deal in recent years. 학교 제도가 근래에 크게 변했다.

316

various
[vέəriəs]

형 여러 가지의, 다양한 → vary 동 다르다 variety 명 여러 가지
- various opinions 여러 가지 의견

317

create
[kriéit]

동 창조하다, 창작하다 → creation 명 창조
- Try this new dish created by our head chef.
  저희 주방장이 처음 만든 이 새 요리를 한번 드셔 보세요.

318

creative
[kriéitiv]

형 창의적인, 창조적인 → creature 명 생물, 사람
- We work in a creative business.
  우린 창의적인 사업 분야에서 일한다.

319

realize
[rí:əlàiz]

동 ① 깨닫다 ② 실현하다 → realization 명 깨달음
- I didn't realize you were out here.
  당신이 여기 나와 계실 줄 몰랐어요.

320

develop
[divéləp]

동 발달하다 → development 명 발달
- Swimming will develop many different muscles.
  수영은 몸의 여러 근육을 발달시킨다.

321

loss
[lɔːs]

명 상실, 손해 → lose 동 잃다
- When she died I was filled with a sense of loss.
  그녀가 죽었을 때 나는 상실감에 차 있었다.

322

produce
[prədjúːs]

동 생산하다 → production 명 생산, product 명 제품
- The region produces over 50% of the country's wheat. 그 지역은 그 나라 밀의 50%가 넘는 양을 생산한다.
- The tree produces big fruit. 그 나무에는 큰 열매가 맺힌다.

323

advice
[ædváis]

명 충고 → advise 동 충고하다
- Let me give you a piece of advice.
  충고 한마디 해야겠네.

324

lead
[liːd]

동 이끌다, 안내하다 → leader 명 지도자
- He kindly led me in. 친절하게도 나를 안으로 안내해 주었다.

325

prefer
[prifə́ːr]

동 ~을 더 좋아하다 → preference 명 선호
- Which do you prefer, walking or riding?
  걸어가는 것과 차를 타는 것 중에서 어느 편이 더 좋습니까?
- I prefer my coffee black. 나는 블랙커피가 더 좋다.

326

quality
[kwáləti]

명 질 반 quantity 양
- Quality matters more than quantity. 양보다 질이 중요하다.

327

decide
[disáid]

동 결정하다, 결심하다 → decision 명 결정, 결심
- She could not decide where to go.
  어디로 가면 좋을지 결심이 서지 않았다.

328

hug
[hʌg]

동 껴안다
- He hugged her round the neck. 그는 그녀의 목을 꼭 껴안았다.

329

notice
[nóutis]

명 ① 주의, 주목 ② 통지, 예고 ③ 안내판 동 알아차리다
→ noticeable 형 뚜렷한
- Take no notice of what he says. 그가 하는 말에 신경 쓰지 마.

330

pause
[pɔːz]

동 잠시 멈추다 명 잠시 멈춤
- She paused to look back. 그녀는 멈춰 서서 뒤돌아보았다.
- pause for breath 한숨 돌리기 위해 잠깐 쉬다

A. 다음 낱말의 우리말 뜻을 쓰시오.

1. prefer   _____
2. dish   _____
3. solution   _____
4. produce   _____
5. hill   _____
6. basket   _____

7. advice   _____
8. creative   _____
9. pause   _____
10. develop   _____
11. decide   _____
12. cheap   _____

B. 우리말과 같은 뜻의 영어 낱말을 쓰시오.

1. 상실   _____
2. 해결하다   _____
3. 견해   _____
4. 껴안다   _____
5. 최근의   _____
6. 숨다   _____

7. 여러 가지의   _____
8. 손가락   _____
9. 곤충, 벌레   _____
10. 수준   _____
11. 질   _____
12. 주목   _____

C. 다음 우리말과 뜻이 같도록 문장을 완성하시오.

1. 그는 두 가지의 외국어를 쓸 수 있다.
   = He can use two _____ languages.
2. 사람은 모두 평등하게 태어났다.
   = All men are _____ equal.
3. 그 안내원은 우리를 오두막까지 안내해 주었다.
   = The guide _____ us to the hut.
4. 그 일이 얼마나 어려운가를 깨닫게 될 것이다.
   = You will _____ how hard the work is.
5. 해가 구름 뒤로 들어갔다.
   = The sun went behind a _____.
6. 간호사인 남성이 한 명 있습니다.
   = There's a man, a male _____.

Day 012

● **Preview Check** 오늘 학습할 낱말입니다. 이미 자신이 알고 있는 낱말에 ✓해 봅시다.

☐ plate	☐ aunt	☐ huge	☐ positive	☐ sale
☐ fashion	☐ event	☐ interest	☐ forward	☐ alone
☐ contest	☐ heat	☐ accident	☐ stairs	☐ perhaps
☐ temperature	☐ accept	☐ repeat	☐ healthy	☐ regular
☐ step	☐ leaf	☐ consider	☐ necessary	☐ safely
☐ gentleman	☐ unfortunately	☐ improve	☐ safe	☐ negative

수능 출제 랭킹

Basic

331

plate
[pleit]

몡 접시 통 dish
● Put some salad on a plate. 접시에 샐러드 좀 올리세요.

332

gentleman
[dʒéntlmən]

몡 신사 맨 lady 숙녀 → gentle 혱 온화한
● Ladies and gentlemen! 신사 숙녀 여러분!

333

leaf
[liːf]

몡 나뭇잎 뵥 leaves
● The leaves of the trees turn yellow in fall.
  나뭇잎들은 가을에 노랗게 변한다.

334

repeat
[ripíːt]

통 반복하다 → repeatedly 뷔 반복해서
● You must not repeat the same mistake.
  너는 같은 실수를 반복해서는 안된다.

335

stairs
[stɛərz]

몡 계단
● I went up the stairs. 나는 계단을 올랐다.

336

alone
[əlóun]

뷔 혼자서 통 by oneself
● Emma lives alone. Emma는 혼자서 산다.

337

fashion
[fǽʃən]

몡 유행, 인기, 패션
● It's mostly the movie stars who lead the fashion.
  유행을 주도하는 것은 대체로 영화배우들이다.

338

aunt
[ænt]

몡 숙모 맨 uncle 삼촌
● I saw my aunt yesterday. 나는 어제 숙모를 봤다.

339

unfortunately
[ʌnfɔ́ːrtʃənətli]

`부` 불행하게도, 유감스럽게도 `반` fortunately 다행스럽게도
● Unfortunately I was out when you came.
네가 왔을 때에 공교롭게도 나는 부재중이었다.

340

consider
[kənsídər]

`동` 고려하다, 생각하다 → considerable `형` 상당한
● I consider myself to be lucky. 나는 내가 운이 좋다고 생각한다.

341

healthy
[hélθi]

`형` 건강한 → health `명` 건강
● Keep healthy by eating well and exercising regularly.
식사를 잘 하고 규칙적으로 운동을 하여 건강을 지켜라.

342

perhaps
[pərhǽps]

`부` 아마, 어쩌면
● Perhaps that's true. 어쩌면 그것은 사실일 거야.

343

contest
[kántest]

`명` 시합, 대회 `동` 경쟁을 벌이다
● The contest is open to everyone.
그 대회에는 누구나 참가할 수 있다.
● a speech contest 웅변대회

344

event
[ivént]

`명` 사건, 행사
● His visit was quite an event. 그의 방문은 아주 큰 사건이었다.
● school events 학교 행사

345

huge
[hju:dʒ]

`형` 거대한
● The party was a huge success. 그 파티는 대대적인 성공이었다.
● a huge man 거인

346

improve
[imprú:v]

`동` 개선되다, 향상시키다 → improvement `명` 향상
● The doctor says she should continue to improve.
그녀가 계속 좋아질 것이라고 의사가 말한다.

347

necessary
[nésəsèri]

`형` 필요한
● I will go with you, if necessary. 필요하다면 너와 함께 가겠다.

348

regular
[régjulər]

`형` 규칙적인 → regularly `부` 정기적으로
● He keeps regular hours. 그는 규칙적인 생활을 하고 있다.
● a regular income 정기적인 수입

349

temperature
[témpərətʃər]

`명` 온도, 체온
● Now, I will take your temperatures.
자, 제가 여러분의 체온을 잴게요.

Advanced

350

heat
[hiːt]

명 열
- He could feel the heat of the sun on his back.
  그는 등에 내리쬐는 햇볕의 열기가 느껴졌다.
- the heat of the sun 태양의 열

351

interest
[íntərəst]

명 ① 흥미, 관심 ② 이익　동 관심을 끌다　→ interesting 형 재미있는
- This has no interest for me. 이것은 나에겐 흥미가 없다.
- be interested in ~에 관심이 있다

352

positive
[pázətiv]

형 긍정적인　반 negative 부정적인
- She tried to be more positive about her new job.
  그녀는 새 직장에 더 긍정적이 되려고 노력했다.

353

safe
[seif]

형 안전한　→ safety 명 안전
- The children are quite safe here.
  그 아이들은 여기 있으면 상당히 안전하다.

354

safely
[séifli]

부 무사히, 안전하게
- The parcel reached me safely.
  소포는 별 탈 없이 나에게 도착했다.
- The plane landed safely. 그 비행기는 무사히 착륙했다.

355

step
[step]

명 ① 발걸음 ② 단계
- He took a step forward. 그는 한 걸음 전진했다.

356

accept
[æksépt]

동 받아들이다, 수락하다　→ acceptable 형 용인되는
- I'll accept your offer. 당신의 제의를 받아들이겠습니다.

357

accident
[æksidənt]

명 ① 사고 ② 우연
- The accident happened at 3 p.m.
  그 사고는 오후 3시에 발생했다.
- by accident 우연히(=accidentally)

358

forward
[fɔ́ːrwərd]

부 앞으로
- He took two steps forward. 그가 앞으로 두 걸음을 뗐다.

359

sale
[seil]

명 판매
- I haven't made a sale all week.
  나는 한 주 내내 판매를 한 건도 하지 못했다.

360

negative
[négətiv]

형 ① 부정적인, 비관적인 ② 거절하는
- He answered in a negative way.
  그는 부정적으로 대답했다.

Review Check 12

A. 다음 낱말의 우리말 뜻을 쓰시오.

1. heat _____
2. improve _____
3. necessary _____
4. event _____
5. plate _____

6. accept _____
7. huge _____
8. healthy _____
9. interest _____
10. consider _____

B. 우리말과 같은 뜻의 영어 낱말을 쓰시오.

1. 긍정적인 _____
2. 아마 _____
3. 나뭇잎 _____
4. 반복하다 _____
5. 혼자서 _____
6. 무사히 _____
7. 발걸음 _____

8. 안전한 _____
9. 계단 _____
10. 유행 _____
11. 시합 _____
12. 불행하게도 _____
13. 숙모 _____
14. 판매 _____

C. 다음 우리말과 뜻이 같도록 문장을 완성하시오.

1. 공항까지는 정기적으로 버스가 운행한다.

   = There is a _____ bus service to the airport.
2. 그들은 그녀를 환영하러 앞으로 달려갔다.

   = They ran _____ to welcome her.
3. 나는 그런 부정적인 생각은 믿지 않아.

   = I don't believe in such _____ thinking.
4. 당신은 정말 신사군요.

   = You're a real _____.
5. 내가 그걸 깨뜨리려고 한 게 아냐. 그건 사고였어.

   = I didn't mean to break it, it was an _____.
6. 기온이 5도 올랐다.

   = The _____ has risen by five degrees.

Day 013

● **Preview Check** 오늘 학습할 낱말입니다. 이미 자신이 알고 있는 낱말에 ✔해 봅시다.

☐ deer	☐ fall	☐ police	☐ position	☐ reach
☐ alarm	☐ single	☐ terrible	☐ pain	☐ tooth
☐ ancient	☐ skin	☐ force	☐ hobby	☐ taste
☐ project	☐ evidence	☐ frog	☐ expect	☐ meal
☐ cell	☐ brush	☐ death	☐ magnet	☐ speed
☐ affect	☐ stage	☐ wonder	☐ protect	☐ safety

수능 출제 랭킹 **Basic**

361

deer
[diər]

명 사슴 복 deer
● The deer ran off in surprise. 사슴들이 놀라서 달아났다.

362

speed
[spi:d]

명 속도
● Safety is more important than speed.
속도보다 안전이 중요하다.

363

brush
[brʌʃ]

동 솔질하다 명 솔
● I brush my hair before going out. 나는 외출 전에 머리를 빗는다.

364

frog
[frɔːg]

명 개구리
● You look as cold as a frog. 당신은 개구리처럼 차갑게 보여요.

365

hobby
[hábi]

명 취미
● My hobby is playing basketball. 나의 취미는 농구하는 것이다.

366

tooth
[tu:θ]

명 이, 치아 복 teeth
● I brush my teeth after eating. 나는 식사 후 이를 닦는다.

367

alarm
[əlá:rm]

명 ① 불안 ② 경고(음) 동 불안하게 만들다
● The doctor said there was no cause for alarm.
의사가 불안해 할 필요는 없다고 말했다.

368

fall
[fɔːl]

동 fell - fallen ① 떨어지다 ② 넘어지다 명 ① 가을 동 autumn
② 폭포
● The rain was falling steadily. 비가 쉼 없이 내렸다.

Intermediate

369

stage
[steidʒ]

몡 ① 단계 ② 무대
- The product is at the design stage.
  그 상품은 디자인 단계에 있다.
- This technology is still in its early stages.
  이 기술은 아직 초기 단계이다.

370

death
[deθ]

몡 죽음 → dead 혱 죽은
- He died a slow and painful death.
  그는 서서히 고통스럽게 죽어 갔다.

371

expect
[ikspékt]

통 예상하다, 기대하다 → expectation 몡 예상
- He expected to take a vacation in May.
  그는 5월에 휴가를 얻을 것이라고 예상하고 있었다.

372

taste
[teist]

몡 맛 통 ~맛이 나다
- It is bitter to the taste. 맛이 쓰다.

373

ancient
[éinʃənt]

혱 ① 고대의 뺀 modern 현대의 ② 아주 오래된
- In ancient times people trained it for sport and war.
  고대에는, 사람들이 그것을 스포츠나 전쟁을 위해 훈련시켰다.

374

single
[síŋgl]

혱 ① 단 하나의 ② 독신인 ③ 1인용의 ④ (차표가) 편도의
- They parted without a single word spoken.
  그들은 한마디 말도 없이 헤어졌다.

375

police
[pəlíːs]

몡 경찰 햅 police officer 경찰관
- I am calling the police for help.
  나는 경찰에게 도와달라고 전화하고 있다.

376

wonder
[wʌ́ndər]

통 ① 궁금하다 ② 놀라다 몡 경탄, 경이감
- 'What should I do now?' she wondered.
  "난 이제 어떻게 하지?" 그녀는 생각했다.

377

magnet
[mǽgnit]

몡 자석
- The magnet has attraction for iron. 자석은 철을 끌어당긴다.

378

meal
[miːl]

몡 식사
- What time would you like your evening meal?
  저녁 식사는 몇 시에 하시겠습니까?
- go out for a meal 식사를 하러 나가다

379

project
[prádʒekt]

몡 계획 통 [prədʒékt] 계획하다
- They are working together on a project.
  그들은 프로젝트를 놓고 함께 일하고 있다.

380

skin
[skin]

명 피부, 껍질, 허물
- The snake sheds its skin once a year.
  뱀은 일 년에 한 번 허물을 벗는다.

381

terrible
[térəbl]

형 끔찍한
- I've just had a terrible thought. 내가 방금 끔찍한 생각을 했어.

382

position
[pəzíʃən]

명 ① 위치 ② 자리, 자세 ③ 입장, 처지
- I found my position on a map.
  나는 지도에서 나의 위치를 찾았다.

383

protect
[prətékt]

통 보호하다 → protective 형 보호하는
- Protect your eyes from the sun.
  눈을 태양의 직사광선으로부터 보호하시오.
- protect a person from danger ~을 위험으로부터 보호하다

384

affect
[əfékt]

통 영향을 주다
- This doesn't affect you at all!
  이것은 네게 아무런 영향을 주지 않아!

386

cell
[sel]

명 세포
- The cell split up many pieces. 세포는 여러 조각으로 분열되었다.

386

evidence
[évədəns]

명 증거, 근거 유 proof → evident 형 분명한, 명백한
- Is there any evidence of this? 이에 대한 무슨 증거가 있는가?

387

force
[fɔːrs]

통 ~을 강요하다 명 힘
- He was forced into crime by circumstances.
  그는 환경에 쫓기어 죄를 범했다.

388

pain
[pein]

명 아픔, 고통
- That caused him a great deal of pain.
  그것 때문에 그는 매우 괴로워했다.

389

reach
[riːtʃ]

통 ~에 이르다, 도달하다
- Not a sound reached his ears.
  아무 소리도 그의 귀에 들리지 않았다.

390

safety
[séifti]

명 안전, 안전성 → safe 형 안전한, safely 분 안전하게
- There is safety in numbers. (속담) 수가 많은 편이 안전하다.

Review Check 13

A. 다음 낱말의 우리말 뜻을 쓰시오.

1. stage _____
2. magnet _____
3. brush _____
4. project _____
5. protect _____
6. speed _____
7. evidence _____

8. hobby _____
9. tooth _____
10. police _____
11. ancient _____
12. pain _____
13. meal _____
14. terrible _____

B. 우리말과 같은 뜻의 영어 낱말을 쓰시오.

1. 궁금하다 _____
2. 죽음 _____
3. 사슴 _____
4. 세포 _____
5. 도달하다 _____

6. 영향을 주다 _____
7. 맛 _____
8. 단 하나의 _____
9. 개구리 _____
10. 안전 _____

C. 다음 우리말과 뜻이 같도록 문장을 완성하시오.

1. 대통령은 강요에 못 이겨 사임했다.

   = The President was _____ into resigning.

2. 조명들의 위치는 어디가 가장 좋을까?

   = Where would be the best _____ for the lights?

3. 그가 와 주리라고 기대하고 있었다.

   = I _____ him to come.

4. 놀라지 마라.

   = Don't _____ yourself.

5. 그 개들은 지난가을에 태어났다.

   = The dogs were born last _____.

6. 소금물은 그녀의 피부를 상하게 한다.

   = Salt water hurts her _____.

Day 014

● **Preview Check** 오늘 학습할 낱말입니다. 이미 자신이 알고 있는 낱말에 ✔해 봅시다.

- ☐ button
- ☐ bath
- ☐ dead
- ☐ allow
- ☐ prepare
- ☐ dentist
- ☐ flag
- ☐ disease
- ☐ destroy
- ☐ tour
- ☐ handsome
- ☐ bottom
- ☐ rise
- ☐ experiment
- ☐ comfortable
- ☐ skirt
- ☐ festival
- ☐ worse
- ☐ express
- ☐ except
- ☐ chest
- ☐ ocean
- ☐ village
- ☐ nervous
- ☐ main
- ☐ thirsty
- ☐ raise
- ☐ adult
- ☐ accent
- ☐ master

수능
출제
랭킹

Basic

391

button
[bʌ́tən]

명 단추
● Alice put the buttons on my shirt.
Alice가 내 셔츠에 단추를 달았다.

392

dentist
[déntist]

명 치과 의사
● I have to go to the dentist today. 나는 오늘 치과에 가야 한다.

393

handsome
[hǽnsəm]

형 잘생긴
● Look at that very handsome man. 저 잘생긴 사람 좀 봐.

394

skirt
[skəːrt]

명 치마
● How much is this blue skirt? 이 파란색 치마는 얼마예요?

395

chest
[tʃest]

명 가슴
● I hear my heart beating in the chest.
내 가슴에서 심장 뛰는 소리가 들려요.

396

thirsty
[θə́ːrsti]

형 목마른 → thirst 명 갈증
● I feel thirsty after playing basketball.
나는 농구를 한 후에 목이 마르다.

397

bath
[bæθ]

명 목욕 ㈜ shower → bathe 동 목욕하다
● I'll have a bath and go to bed. 난 목욕하고 자려고요.

398

flag
[flæg]

명 깃발
● The Olympic flag is flying. 오륜기가 펄럭이고 있다.

58

399

bottom
[bátəm]

몡 맨 아래, 밑바닥
- Some fishes are found in the bottom of the sea.
  어떤 물고기들은 바다 밑바닥에서 볼 수 있다.

400

festival
[féstəvəl]

몡 축제
- The town held a festival this year.
  올해 그 마을은 축제를 열었다.

401

ocean
[óuʃən]

몡 바다
- Love is as deep as the ocean.
  사랑은 바다만큼 깊다.

402

raise
[reiz]

통 ① 들어올리다 ② 인상하다 ③ 모금하다 ④ 기르다, 키우다
- I raise a cat at my house.
  나는 집에서 고양이를 기른다.

403

dead
[ded]

혱 죽은 → death 몡 죽음
- He has been dead these two years. 그는 죽은 지 2년이 된다.

404

disease
[dizíːz]

몡 병, 질병
- It is not known what causes the disease.
  무엇이 그 질병을 유발하는지는 알려져 있지 않다.

405

rise
[raiz]

몡 증가 통 오르다
- the rise and fall 흥망
- The moon is rising above the horizon.
  달이 지평선 위로 솟아오르고 있다.

406

worse
[wəːrs]

혱 더 나쁜 → worsen 통 악화되다
- The situation is getting worse and worse.
  사태는 더욱더 악화되어 가고 있다.

407

village
[vílidʒ]

몡 마을
- Her books are about village life.
  그녀의 책은 시골 마을 생활에 대한 것이다.

408

adult
[ədʌ́lt]

몡 어른, 성인 혱 성인의
- Children must be accompanied by an adult.
  아동은 반드시 성인이 동행해야 한다.

409

allow
[əláu]

통 ① 허락하다 ② 인정하다 → allowance 몡 용돈
- The class was not allowed to leave until the bell rang. 종이 울릴 때까지는 교실을 나가지 못하게 되어 있었다.

Advanced

410

destroy
[distrɔ́i]

명 파괴하다 → destruction 명 파괴
- The house was destroyed by fire. 그 집은 소실되었다.

411

experiment
[ikspérəmənt]

명 실험 통 실험을 하다
- He made experiments on animals. 그는 동물 실험을 했다.

412

express
[iksprés]

통 표현하다 형 급행의 → expression 명 표현
- I cannot express how glad I am.
  내가 얼마나 기쁜지 말로는 다 표현할 수 없다.

413

nervous
[nə́:rvəs]

형 불안해하는, 초조해 하는 → nerve 명 신경
- I felt really nervous before the interview.
  나는 인터뷰 전에 정말 불안했다.

414

accent
[ǽksent]

명 악센트 통 강조하다
- She spoke English with an accent.
  그녀는 악센트가 섞인 영어를 썼다.

415

prepare
[pripέər]

통 준비하다
- We need to prepare the planes. 우리는 계획을 세워야 한다.

416

tour
[tuər]

통 여행하다 명 여행 → tourism 명 관광업
- tour Canada 캐나다를 여행하다

417

comfortable
[kʌ́mfərtəbl]

형 편안한 → comfort 명 안락, 편안
- These new shoes are not very comfortable.
  이 새 신발은 별로 편하지가 않다.

418

except
[iksépt]

전 ~을 제외하고는 → exception 명 예외
- Everyone is ready except you. 너 말고는 다 준비되어 있다.

419

main
[mein]

형 주된, 중요한 통 chief → mainly 부 주로
- They are marching on the main street.
  그들은 중심가를 행진한다.

420

master
[mǽstər]

명 주인 통 ~에 숙달하다
- They lived in fear of their master.
  그들은 주인에 대한 두려움 속에서 살았다.
- It is difficult to master a foreign language.
  외국어를 자유자재로 구사하는 것은 어렵다.

A. 다음 낱말의 우리말 뜻을 쓰시오.

1. express _____
2. worse _____
3. button _____
4. village _____
5. nervous _____

6. accent _____
7. raise _____
8. master _____
9. dentist _____
10. adult _____

B. 우리말과 같은 뜻의 영어 낱말을 쓰시오.

1. 축제 _____
2. 질병 _____
3. 오르다 _____
4. 허락하다 _____
5. 가슴 _____
6. 목마른 _____
7. 편안한 _____

8. 제외하고는 _____
9. 목욕 _____
10. 바다 _____
11. 실험 _____
12. 맨 아래 _____
13. 잘생긴 _____
14. 깃발 _____

C. 다음 우리말과 뜻이 같도록 문장을 완성하시오.

1. 실패가 그를 천천히 파괴하고 있었다.
   = Failure was slowly _____ him.
2. 그 가련한 아이는 살아 있다기보다 죽은 사람에 더 가까워 보인다.
   = The poor child looks more _____ than alive.
3. 중요한 것은 침착성을 잃지 않는 것이다.
   = The _____ thing is to stay calm.
4. 저는 치마와 블라우스를 입어야겠죠.
   = I'll wear a _____ and blouse.
5. 그녀는 자기 책을 홍보하면서 전국을 순회했다.
   = She _____ the country promoting her book.
6. 여러분을 위해서 점심을 마련하겠습니다.
   = We will _____ lunch for you.

Day 015

● **Preview Check** 오늘 학습할 낱말입니다. 이미 자신이 알고 있는 낱말에 ✔해 봅시다.

☐ towel	☐ glove	☐ wild	☐ powerful	☐ fail
☐ rainbow	☐ sudden	☐ explain	☐ career	☐ calendar
☐ range	☐ encourage	☐ birth	☐ theater	☐ beauty
☐ achieve	☐ waste	☐ fool	☐ avoid	☐ diet
☐ text	☐ umbrella	☐ search	☐ condition	☐ schedule
☐ ugly	☐ relation	☐ contact	☐ rule	☐ match

수능 출제 랭킹 Basic

421

towel
[táuəl]

명 수건
● Dry your hands with a towel. 수건으로 너의 손을 닦아라.

422

ugly
[ʌ́gli]

형 못생긴
● I think the duck looks ugly. 내 생각에 그 오리는 못생긴 것 같아요.

423

umbrella
[ʌmbrélə]

명 우산
● I put up my umbrella. 나는 우산을 펴 들었다.

424

fool
[fu:l]

명 바보 → foolish 형 어리석은
● He was a fool to trust a stranger.
낯선 사람을 믿다니 그는 바보였다.

425

theater
[θíːətər]

명 극장(=theatre) 합 movie theater 영화관
● Let's go to the theater. 극장에 가자.

426

calendar
[kǽləndər]

명 달력
● There is a calendar on the wall. 벽에 달력이 있다.

427

rainbow
[réinbòu]

명 무지개
● I saw a rainbow yesterday. 나는 어제 무지개를 보았다.

428

glove
[glʌv]

명 장갑
● Many people wear gloves during winter.
많은 사람들이 겨울 동안 장갑을 낀다.

Intermediate

429

relation
[riléiʃən]

명 관계
- She has relation to that issue.
  그녀는 그 문제와 관계가 있다.

430

search
[səːrtʃ]

명 수색 동 찾아보다, 수색하다
- They searched the woods for the lost child.
  그들은 길 잃은 아이를 찾아 숲속을 뒤졌다.

431

avoid
[əvɔ́id]

동 피하다
- I could not avoid saying so. 그렇게 말하지 않을 수 없었다.
- The accident could have been avoided.
  그 사고는 피할 수도 있었을 것이다.

432

beauty
[bjúːti]

명 아름다움 → beautiful 형 아름다운
- Beauty is in the eye of the beholder.
  [속담] 제 눈에 안경.

433

condition
[kəndíʃən]

명 상태, 조건
- She is in no condition to walk alone.
  그녀는 혼자 걸을 수 있는 상태가 아니다.

434

diet
[dáiət]

명 식사, 규정식
- on a diet 식이 요법으로
- I decided to go on a diet before my holiday.
  나는 휴가가 시작되기 전에 다이어트를 하기로 결심했다.

435

range
[reindʒ]

명 ① 범위 ② 다양성 동 (범위 · 정도 등이) ~에서 …사이이다
- We have a wide range of activities for children.
  우리는 어린이를 위한 다양한 활동이 있다.
- I ranged the books on the shelf by size.
  그 책을 크기에 따라 선반에 가지런히 놓았다.

436

sudden
[sʌ́dn]

형 급작스러운 → suddenly 부 갑자기
- His death was very sudden. 그의 죽음은 매우 급작스러웠다.

437

wild
[waild]

형 야생의
- The plants grow wild. 그 식물은 들에서 자란다.

438

birth
[bəːrθ]

명 탄생
- He was blind from birth. 그는 태어나면서부터 맹인이었다.
- the date of one's birth 생년월일

439

achieve
[ətʃíːv]

동 달성하다, 이루다 → achievement 명 업적
- All this cannot be achieved in a day.
  이것을 전부 당일로 해치울 수는 없다.

Advanced

encourage
[inkə́:ridʒ]

통 격려하다 → encouragement 명 격려
- I encouraged her to tell me what had happened.
  나는 그녀를 재촉하여 자초지종을 이야기하게 했다.

explain
[ikspléin]

통 설명하다
- Will you explain the rule to me?
  그 규칙을 저에게 설명해 주시겠습니까?

powerful
[páuərfəl]

형 영향력 있는, 강력한 → power 명 힘, 권력
- He made a very powerful speech.
  그는 매우 힘이 있는 연설을 하였다.

- He is powerful in the field of art.
  그는 예술 분야에서 영향력이 있다.

rule
[ru:l]

명 규칙 → ruler 명 통치자
- There is no rule without some exceptions.
  [속담] 예외 없는 규칙은 없다.

- break a rule 규칙을 어기다

schedule
[skédʒu:l]

명 일정
- We're working to a tight schedule.
  우리는 빡빡한 일정에 맞춰 일하고 있다.

text
[tekst]

명 글, 문서, 본문 통 문자를 보내다
- My job is to lay out the text and graphics on the
  page. 내가 하는 일은 페이지에 본문과 그래픽을 배치하는 것이다.

waste
[weist]

통 낭비하다 명 낭비
- All his money was wasted. 그의 돈은 모두 낭비되었다.

contact
[kɑ́ntækt]

명 ① 연락, 접촉 ② 교제 통 ~에 연락하다
- I lost contact with him.
  나는 그와 연락이 끊어졌다.

career
[kəríər]

명 직업, 경력
- He sought a career as a lawyer.
  그는 변호사를 직업으로 하려고 했다.

fail
[feil]

통 실패하다 반 succeed 성공하다 명 불합격 → failure 명 실패
- Mary failed in her exams. Mary는 시험에 떨어졌다.

match
[mætʃ]

명 경기 통 어울리다
- She matched her bag with her shoes.
  그녀의 가방은 그녀의 신발과 잘 어울렸다.

Review Check 15

A. 다음 낱말의 우리말 뜻을 쓰시오.

1. diet _____
2. search _____
3. range _____
4. fail _____
5. ugly _____

6. champion _____
7. schedule _____
8. wild _____
9. explain _____
10. text _____

B. 우리말과 같은 뜻의 영어 낱말을 쓰시오.

1. 급작스러운 _____
2. 바보 _____
3. 극장 _____
4. 달력 _____
5. 무지개 _____
6. 영향력 있는 _____
7. 탄생 _____
8. 장갑 _____

9. 달성하다 _____
10. 우산 _____
11. 관계 _____
12. 수건 _____
13. 피하다 _____
14. 격려하다 _____
15. 낭비하다 _____
16. 직업 _____

C. 다음 우리말과 뜻이 같도록 문장을 완성하시오.

1. 당신은 어디든 갈 수 있는 상태가 아닙니다.
   = You are in no _____ to go anywhere.
2. 저 차는 정말 멋지다.
   = That car is a real _____.
3. 나는 테니스 시합을 보러 갔다.
   = I went to see a tennis _____.
4. 그것은 제반 규칙과 규정들에 위배된다.
   = It's against all _____ and regulations.

Day 016

● **Preview Check** 오늘 학습할 낱말입니다. 이미 자신이 알고 있는 낱말에 ✓해 봅시다.

☐ race	☐ absent	☐ secret	☐ habit	☐ direction
☐ vegetable	☐ rent	☐ serve	☐ direct	☐ picnic
☐ reduce	☐ damage	☐ copy	☐ photograph	☐ mistake
☐ purpose	☐ soil	☐ prince	☐ grade	☐ law
☐ remain	☐ zero	☐ beyond	☐ section	☐ prevent
☐ soccer	☐ anger	☐ worth	☐ object	☐ disappear

Basic

451

race
[reis]

명 ① 경주, 달리기 ② 인종, 민족 동 경주하다
● Shall we have a race to the end of the beach?
해변 끝까지 달리기 시합할까?

452

soccer
[sákər]

명 축구 동 football
● Did you watch the soccer game? 그 축구 경기 봤어?

453

zero
[zíərou]

명 영(0)
● The temperature went below zero this morning.
온도가 오늘 아침에 영도 아래로 떨어졌다.

454

prince
[prins]

명 왕자 반 princess 공주
● The prince went to the party. 그 왕자는 파티에 갔다.

455

photograph
[fóutəgræf]

명 사진(=photo) → photographer 명 사진사
● The teacher is taking a photograph of his class.
그 선생님은 자신의 학급 사진을 찍는다.

456

picnic
[píknik]

명 소풍
● go on a picnic 소풍을 가다

457

vegetable
[védʒətəbl]

명 야채
● Children should eat more vegetables.
어린이들은 야채를 더 많이 먹어야 한다.

458

absent
[ǽbsənt]

형 결석한 반 present 출석한 → absence 명 결석
- Emma is absent today. Emma는 오늘 결석했다.
- be absent from home 집을 비우다

Intermediate

459

anger
[ǽŋgər]

명 화, 분노 → angry 형 화난
- He felt the anger rise in him.
  그는 화가 치밀어 오르는 것을 느꼈다.

460

beyond
[biánd]

전 ~너머, 넘어서는, ~ 이상
- The work is beyond my power.
  그 일은 나의 능력을 넘는다.

461

grade
[greid]

명 ① 학년 ② 성적, 학점 ③ 등급
- He is in the second grade. 그는 2학년이다.

462

mistake
[mistéik]

명 실수, 잘못 동 잘못 판단하다
- You should learn something from your mistake.
  너는 실수로부터 뭔가를 배워야 한다.

463

reduce
[ridjúːs]

동 줄이다
- I tried to reduce my expenses. 나는 비용을 줄이려고 애썼다.

464

rent
[rent]

명 집세 동 세내다
- How much rent do you pay for this house?
  이 집에 대한 집세는 얼마나 내시나요?

465

secret
[síːkrit]

명 비밀
- He tried to keep it secret from his family.
  그는 그것을 가족들에게 비밀로 하려고 했다.

466

worth
[wəːrθ]

형 ~의 가치가 있는 명 가치
- This book is worth reading. 이 책은 읽을 만한 가치가 있다.

467

section
[sékʃən]

명 ① 부문, 구역 ② 부서
- What floor is the toy section on? 완구 부문은 몇 층에 있어요?

468

law
[lɔː]

명 법
- Law and order should always be maintained.
  법과 질서는 항상 유지되어야 한다.

469

purpose
[pə́ːrpəs]

명 목적, 목표 → purposely 부 고의로 (= on purpose)
- For what purpose are you doing that?
  무슨 목적으로 그런 일을 하고 있는가?

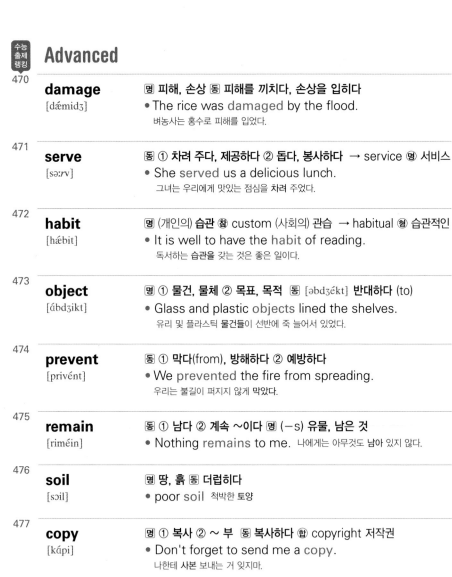

Advanced

470

damage
[dǽmidʒ]

명 피해, 손상 동 피해를 끼치다, 손상을 입히다
- The rice was damaged by the flood.
  벼농사는 홍수로 피해를 입었다.

471

serve
[səːrv]

동 ① 차려 주다, 제공하다 ② 돕다, 봉사하다 → service 명 서비스
- She served us a delicious lunch.
  그녀는 우리에게 맛있는 점심을 차려 주었다.

472

habit
[hǽbit]

명 (개인의) 습관 참 custom (사회의) 관습 → habitual 형 습관적인
- It is well to have the habit of reading.
  독서하는 습관을 갖는 것은 좋은 일이다.

473

object
[ábdʒikt]

명 ① 물건, 물체 ② 목표, 목적 동 [əbdʒékt] 반대하다 (to)
- Glass and plastic objects lined the shelves.
  유리 및 플라스틱 물건들이 선반에 죽 늘어서 있었다.

474

prevent
[privént]

동 ① 막다(from), 방해하다 ② 예방하다
- We prevented the fire from spreading.
  우리는 불길이 퍼지지 않게 막았다.

475

remain
[riméin]

동 ① 남다 ② 계속 ~이다 명 (−s) 유물, 남은 것
- Nothing remains to me. 나에게는 아무것도 남아 있지 않다.

476

soil
[sɔil]

명 땅, 흙 동 더럽히다
- poor soil 척박한 토양

477

copy
[kápi]

명 ① 복사 ② ~ 부 동 복사하다 합 copyright 저작권
- Don't forget to send me a copy.
  나한테 사본 보내는 거 잊지마.

478

direct
[dirékt]

형 ① 직접적인 ② 직행의 동 ① ~로 향하다 ② 지휘하다, 지시하다, 안내하다 ③ 연출하다
- Could you direct me to the station?
  역으로 가는 길 좀 알려주실래요?

479

direction
[dirékʃən]

명 ① 방향 ② (−s) 명령, 지시
- He went in the wrong direction.
  그는 잘못된 방향으로 갔다.

480

disappear
[dìsəpíər]

동 사라지다 → disappearance 명 사라짐
- disappear in the crowd 군중 속으로 사라지다

A. 다음 낱말의 우리말 뜻을 쓰시오.

1. vegetable _____
2. section _____
3. damage _____
4. beyond _____
5. remain _____
6. direction _____
7. picnic _____

8. object _____
9. secret _____
10. rent _____
11. direct _____
12. copy _____
13. disappear _____
14. absent _____

B. 우리말과 같은 뜻의 영어 낱말을 쓰시오.

1. 가치 _____
2. 화 _____
3. 줄이다 _____
4. 막다 _____
5. 영(0) _____
6. 왕자 _____

7. 경주 _____
8. 학년 _____
9. 흙 _____
10. 실수 _____
11. 축구 _____
12. 사진 _____

C. 다음 우리말과 뜻이 같도록 문장을 완성하시오.

1. 매일 산책하는 것은 그의 습관이다.

= It is a _____ with him to take a daily walk.

2. 그들은 우리에게 훌륭한 식사를 제공했다.

= They _____ us a wonderful meal.

3. 당신이 법 위에 있다고 생각하지 마시오.

= Do not think you are above the _____.

4. 그 건물은 종교적인 목적으로 이용된다.

= The building is used for religious _____.

Day 017

● **Preview Check** 오늘 학습할 낱말입니다. 이미 자신이 알고 있는 낱말에 ✔해 봅시다.

☐ package	☐ site	☐ suggest	☐ sport	☐ suit
☐ record	☐ prize	☐ screen	☐ structure	☐ general
☐ print	☐ nobody	☐ metal	☐ spread	☐ pollute
☐ memory	☐ apply	☐ respect	☐ perform	☐ attractitve
☐ active	☐ promise	☐ material	☐ clerk	☐ suffer
☐ neighbor	☐ luck	☐ calm	☐ subject	☐ tiny

수능
출제
랭킹

Basic

481

package
[pǽkidʒ]

명 ① 꾸러미, 소포 ② 일괄 판매 동 포장하다
● A large package has arrived for you.
당신 앞으로 큰 소포가 왔어요.

482

neighbor
[néibər]

명 이웃 사람 → neighborhood 명 근처, 이웃
● The man married his neighbor.
그는 이웃 사람과 결혼했다.

483

promise
[prámis]

동 약속하다 명 약속
● She promised me a reward. 나에게 사례하겠다고 약속했다.

484

respect
[rispékt]

명 존경(심), 존중 동 존경하다
● He had no respect for his seniors.
그는 선배를 존경하는 마음이 없다.

485

spread
[spred]

동 펼치다 명 확산
● The tree spread its branches abroad.
나무는 가지를 넓게 뻗어 있었다.

486

general
[dʒénərəl]

형 일반적인, 보통의, 종합적인 → generally 부 일반적으로, 대개, 보통
● The bad weather has been fairly general.
거의 전 지역에 걸쳐 안 좋은 날씨가 계속되고 있다.

487

record
[rikɔ́:rd]

동 ① 기록하다 ② 녹음하다 명 [rékərd] 기록
● We record our thoughts and experiences in diaries.
우리는 자신의 생각이나 경험을 일기에 기록한다.

488

site
[sait]

명 위치, 장소
- the historic site in Korea 한국의 사적지

Intermediate

489

luck
[lʌk]

명 행운 동 fortune → lucky 형 운이 좋은
- This time my luck was out. 이번엔 운이 없었다.

490

material
[mətíəriəl]

명 ① 재료 ② 자료 형 물질적인
- What material is this dress made of?
  이 옷의 재료는 무엇인가요?

491

perform
[pərfɔ́ːrm]

동 ① 수행하다 ② 공연하다 → performance 명 공연, 연기
- A computer can perform many tasks at once.
  컴퓨터는 많은 업무를 한꺼번에 수행할 수 있다.
- They perform "Hamlet" tonight. 오늘 밤에는 「햄릿」이 공연된다.

492

pollute
[pəlúːt]

동 오염시키다 → pollution 명 오염
- The river has been polluted with waste from the factories. 그 강은 공장들에서 나오는 폐기물로 오염되었다.

493

print
[print]

동 인쇄하다
- They printed 10,000 copies of the novel.
  그 소설은 만 부 인쇄되었다.

494

prize
[praiz]

명 상, 상품 ⊕ award
- I won $500 in prize money. 나는 상금으로 500달러를 받았다.

495

suggest
[səgdʒést]

동 제안하다
- Mary suggested going to the theater.
  Mary는 연극을 보러 가자고 제안했다.

496

calm
[kɑːm]

형 ① 침착한 ② 잔잔한, 바람이 없는 → calmly 부 고요히
- Try to remain calm. 침착성을 잃지 않도록 해 봐.

497

clerk
[kləːrk]

명 점원
- The clerk put a price on the product.
  점원은 상품에 가격을 매겼다.

498

attractive
[ətræktiv]

형 매력적인 → attract 동 마음을 끌다
- There is something attractive about him
  그는 사람을 끌어당기는 매력적인 게 있다.

499

memory
[méməri]

명 기억 → memorize 동 기억하다
- I have no memory of my grandfather.
  나는 할아버지에 대한 기억이 없다.

500

nobody
[nóubὰdi]

떼 아무도 ~않다 명 보잘것없는 사람
- Nobody knows what will happen next.
  다음에 무슨 일이 일어날지 아무도 모른다.
- He is a mere nobody. 그는 보잘것없는 사람일 뿐이다.

501

screen
[skri:n]

명 화면 동 가리다
- They were staring at the television screen.
  그들은 텔레비전 화면을 응시하고 있었다.

502

progress
[prάɡres]

명 진전, 진보 동 [prəɡrés] 진행되다, 나아가다
- I made a lot of progress in science.
  나는 과학에서 많은 진전을 이뤘다.
- The project progressed rapidly. 그 과제는 빠르게 진행되었다.

503

subject
[sʌ́bdʒikt]

명 ① 주제, 화제 ② 과목
- I wish you'd change the subject. 주제를 바꿨으면 좋겠군요.

504

suffer
[sʌ́fər]

동 ① 시달리다, 고통 받다(from) ② 겪다
- She is suffering from a high fever. 그녀는 고열에 시달리고 있다.

505

active
[ǽktiv]

형 적극적인, 활발한 → actively 부 활발히
- The market is active. 그 시장은 활발하다.

506

apply
[əplái]

동 ① 신청하다 ② 적용하다
- You should apply by letter. 편지로 신청해야 합니다.
- The new technology was applied to farming.
  그 신기술이 농사에 적용되었다.

507

metal
[métl]

명 금속
- The frame is made of metal. 그 틀은 금속으로 되어 있다.

508

structure
[strʌ́ktʃər]

명 구조, 구조물
- the structure of the building 그 건물의 구조

509

suit
[su:t]

명 정장 동 맞다, 어울리다 → suitable 형 적합한
- It does not suit all tastes.
  모든 사람의 입맛에 다 맞는다고는 할 수 없다.

510

tiny
[táini]

형 아주 작은
- Look, what a tiny car it is. 저 작은 차 좀 봐.

A. 다음 낱말의 우리말 뜻을 쓰시오.

1. suggest _____
2. material _____
3. screen _____
4. suit _____
5. structure _____
6. tiny _____

7. print _____
8. neighbor _____
9. calm _____
10. spread _____
11. suffer _____
12. general _____

B. 우리말과 같은 뜻의 영어 낱말을 쓰시오.

1. 매력적인 _____
2. 꾸러미 _____
3. 수행하다 _____
4. 상 _____
5. 행운 _____
6. 신청하다 _____
7. 금속 _____

8. 진행하다 _____
9. 존경 _____
10. 적극적인 _____
11. 약속 _____
12. 아무도 ~않다 _____
13. 오염시키다 _____
14. 기억 _____

C. 다음 우리말과 뜻이 같도록 문장을 완성하시오.

1. 지출 경비를 계속 기록해야 한다.

   = You should keep a _____ of your expenses.
2. 나는 그것을 우리 웹 사이트에 게시했어.

   = I posted it on our web _____.
3. 판매원으로서 5년의 경험을 가지고 있습니다.

   = I have five-year experience as a sales _____.
4. 그 과목에 관한 새로운 정보를 찾아라.

   = Search new information on a _____.

Day 018

● **Preview Check** 오늘 학습할 낱말입니다. 이미 자신이 알고 있는 낱말에 ✔해 봅시다.

☐ fit	☐ danger	☐ equal	☐ oil	☐ proud
☐ character	☐ pill	☐ bark	☐ opposite	☐ useful
☐ trust	☐ neither	☐ muscle	☐ upset	☐ storm
☐ member	☐ flow	☐ survive	☐ important	☐ lie
☐ detail	☐ responsible	☐ route	☐ hardly	☐ worst
☐ normal	☐ pattern	☐ gain	☐ suppose	☐ sand

수능
출제
랭킹

Basic

511
fit
[fit]

⑧ 맞다, 적합하다 → fitness ⑲ 건강
● The key doesn't fit the lock. 열쇠가 자물쇠에 안 맞는다.

512
member
[mémbər]

⑲ 회원
● I'm a member of the club. 나는 그 동아리의 회원이다.

513
pattern
[pǽtərn]

⑲ ① 양식 ② 무늬 ③ 견본, 모범
● the behavior patterns of teenage 10대들의 행동 양식

514
gain
[gein]

⑧ ① 얻다 ② 늘리다 ③ (시계가) 빨리 가다
● The party gained over 50% of the vote.
그 당이 50%가 넘는 득표를 했다.

515
upset
[ʌ́pset]

⑧ 속상하게 만들다 ⑱ 속상한, 화가난
● This decision is likely to upset a lot of people.
이 결정은 많은 사람들을 속상하게 만들 것 같다.

516
useful
[júːsfəl]

⑱ 유익한, 유용한 → usefully ⑨ 유용하게
● It will be useful for you to learn English.
네가 영어를 배우면 유익할 것이다.

517
lie
[lai]

⑧ ① 눕다 ② 거짓말하다 ⑲ 거짓말
● The dog was lying on the ground. 개는 땅에 누워 있었다.

518

danger
[déindʒər]

명 위험 → dangerous 형 위험한
• Danger! Keep out! 위험해요! 비켜요!

519

responsible
[rispánsəbl]

형 책임지고 있는 → responsibility 명 책임
• I am responsible for the safety of her family.
나는 그녀 가족의 안전을 보살펴 줄 **책임**이 있다.

520

route
[ru:t]

명 길, 경로, 노선
• The house is not on a bus route.
그 집은 버스 노선 상에 있지 않다.

521

important
[impɔ́:rtnt]

형 중요한 → importance 명 중요성
• Sleeping well is inportant for our health.
좋은 수면은 우리의 건강에 중요하다.

522

storm
[stɔ:rm]

명 폭풍우
• A terrible storm caught the party on their way back.
일행은 돌아오는 길에 무서운 **폭풍우**를 만났다.

523

trust
[trʌst]

명 신뢰 동 신뢰하다
• He is not a man to be trusted. 그는 **신뢰**할 사람이 못된다.

524

pill
[pil]

명 알약
• It combines two drugs in a single pill.
두 가지 약제를 하나의 **알약**으로 합쳤다.

525

equal
[í:kwəl]

형 ① 같은 ② 평등한
• Twice 3 is equal to 6. 3의 2배는 6.

526

survive
[sərváiv]

동 살아남다, 생존하다 → survival 명 생존
• Only six people survived the accident.
단지 6명만이 그 사고에서 **살아남았다**.

527

hardly
[há:rdli]

부 거의 ~아니다 / 없다
• I can hardly believe it. 그것은 거의 믿을 수가 **없다**.

528

character
[kǽriktər]

명 ① 성격 ② 특징 ③ 등장인물 ④ 글자
• The thing that counts is character. 중요한 것은 **인격**이다.

529

normal
[nɔ́:rməl]

형 보통의, 정상적인 반 abnormal 비정상적인
• He leads a normal life. 그는 **정상적인** 생활을 한다.

Advanced

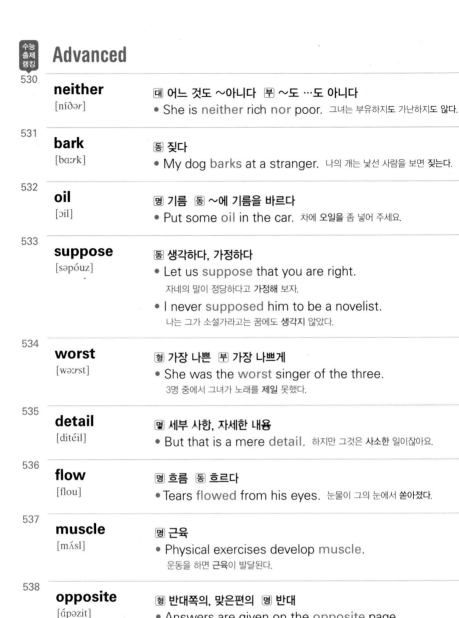

530

neither
[níðər]

때 어느 것도 ~아니다   부 ~도 …도 아니다
- She is neither rich nor poor. 그녀는 부유하지도 가난하지도 않다.

531

bark
[bɑːrk]

동 짖다
- My dog barks at a stranger. 나의 개는 낯선 사람을 보면 짖는다.

532

oil
[ɔil]

명 기름   동 ~에 기름을 바르다
- Put some oil in the car. 차에 오일을 좀 넣어 주세요.

533

suppose
[səpóuz]

동 생각하다, 가정하다
- Let us suppose that you are right.
  자네의 말이 정당하다고 가정해 보자.
- I never supposed him to be a novelist.
  나는 그가 소설가라고는 꿈에도 생각지 않았다.

534

worst
[wəːrst]

형 가장 나쁜   부 가장 나쁘게
- She was the worst singer of the three.
  3명 중에서 그녀가 노래를 제일 못했다.

535

detail
[ditéil]

명 세부 사항, 자세한 내용
- But that is a mere detail. 하지만 그것은 사소한 일이잖아요.

536

flow
[flou]

명 흐름   동 흐르다
- Tears flowed from his eyes. 눈물이 그의 눈에서 쏟아졌다.

537

muscle
[mʌsl]

명 근육
- Physical exercises develop muscle.
  운동을 하면 근육이 발달된다.

538

opposite
[ápəzit]

형 반대쪽의, 맞은편의   명 반대
- Answers are given on the opposite page.
  정답은 맞은편 페이지에 제시되어 있다.

539

proud
[praud]

형 자랑스러운   → pride 명 자부심
- He is proud of what he did.
  그는 자신이 한 일을 자랑스러워 한다.

540

sand
[sænd]

명 모래
- His hair was the colour of sand.
  그의 머리카락은 모래 색깔이었다.

A. 다음 낱말의 우리말 뜻을 쓰시오.

1. detail _____
2. upset _____
3. important _____
4. trust _____
5. useful _____
6. opposite _____

7. suppose _____
8. equal _____
9. responsible _____
10. muscle _____
11. lie _____
12. pill _____

B. 우리말과 같은 뜻의 영어 낱말을 쓰시오.

1. 거의 ~아니다 _____
2. 살아남다 _____
3. 성격 _____
4. 어느 것도 ~아니다 _____
5. 가장 나쁜 _____
6. 짖다 _____

7. 적합하다 _____
8. 흐르다 _____
9. 양식 _____
10. 자랑스러운 _____
11. 모래 _____
12. 위험 _____

C. 다음 우리말과 뜻이 같도록 문장을 완성하시오.

1. 땅, 물, 나무, 석유, 이 모든 것들은 자원입니다.
   = Land, water, trees, _____ … these are all resources.
2. 우리는 정상적인 업무 시간에 문을 연다.
   = We are open during _____ office hours.
3. 그들은 자신들의 자유를 얻기를 희망한다.
   = They hope to _____ their freedom.
4. 어느 길로 가는 것이 가장 좋을까?
   = Which is the best _____ to take?
5. 몇 분 뒤에 폭풍우가 치기 시작했다.
   = A few minutes later the _____ broke.
6. 그는 그 축구부의 일원이다.
   = He is a _____ of the soccer team.

Day 019

● **Preview Check** 오늘 학습할 낱말입니다. 이미 자신이 알고 있는 낱말에 ✔해 봅시다.

☐ source	☐ sunlight	☐ supply	☐ balance	☐ pity
☐ borrow	☐ respond	☐ valuable	☐ path	☐ tough
☐ proper	☐ treat	☐ novel	☐ tongue	☐ plenty
☐ scale	☐ hunger	☐ deliver	☐ familiar	☐ series
☐ dictionary	☐ attend	☐ fair	☐ track	☐ communicate
☐ survey	☐ explore	☐ topic	☐ bet	☐ repair

수능
출제
랭킹

Basic

541

source
[sɔːrs]

명 근원, 출처
● What is their main source of income?
그들의 주된 소득원은 무엇인가요?

542

survey
[sərvéi]

명 조사 동 ① 조사하다 ② 살피다
● He surveyed himself in the mirror.
그는 거울을 보며 자기 모습을 살폈다.

543

attend
[əténd]

동 ① 참석하다, 출석하다 ② 다니다 ③ 주의를 기울이다
→ attendance 명 출석, attenion 명 주목
● He attends the meething every day.
그는 매일 회의에 참석한다.

544

deliver
[dilívər]

동 배달하다 → delivery 명 배달
● deliver newspapers 신문을 배달하다

545

tongue
[tʌŋ]

명 ① 혀 ② 국어, 언어
● He stuck out his tongue. 그는 혀를 내밀었다.

546

tough
[tʌf]

형 ① 힘든, 어려운 ② 거친, 질긴
● Tomorrow will be a tough day. 내일은 힘든 날이 될 것입니다.

547

borrow
[bárou]

동 빌리다 반 lend 빌려주다
● I have borrowed this bicycle from Harry.
이 자전거는 Harry에게서 빌렸다.

548

sunlight
[sΛnlaIt]

명 햇빛 동 sunshine
- You'll feel better in the sunlight.
  일광욕을 하면 너는 기분이 좋아질 거야.

수능 출제 랭킹

Intermediate

549

explore
[iksplɔ́:r]

동 ① 탐험하다, 답사하다 ② 탐구하다
- The city is best explored on foot.
  그 도시는 걸어서 답사하기에 가장 좋다.

550

fair
[fɛər]

형 ① 타당한 ② 공정한 ③ 상당한 명 박람회
- She is fair with her students. 그녀는 학생들에게 공정하다.

551

familiar
[fəmíljər]

형 익숙한, 낯익은
- He looks familiar to me. 그는 내게 낯익다.
- be familiar with ~을 잘 알다, 익숙하다

552

plenty
[plénti]

명 풍요, 많음
- We had plenty of homework to do. 우리는 할 숙제가 많았다.

553

proper
[prάpər]

형 적절한, 올바른
- He is the proper person for the work. 그는 그 일에 적임자다.

554

respond
[rispάnd]

동 응답하다, 답장을 보내다
- He did not respond to questions.
  그는 질문들에 응답하지 않았다.

555

supply
[səplái]

동 공급하다 명 공급, 공급량
- Lisa supplied them with water.
  Lisa는 그들에게 물을 공급했다.

556

topic
[tάpik]

명 화제, 주제
- My topic is about Korean food.
  저의 주제는 한식에 관한 것입니다.

557

track
[træk]

명 ① 길, 트랙 ② 진로, 방향 동 추적하다
- The police are on his track.
  경찰은 그를 추적 중이다.

558

series
[síəri:z]

명 연속, 시리즈
- Life is a series of choices. 인생은 선택의 연속이다.

559

scale
[skeil]

명 ① 규모, 범위 ② 등급, 눈금 ③ (-s)저울
- They entertain on a large scale. 그들은 대규모로 대접을 한다.

Advanced

560

treat
[triːt]

동 ① 다루다, 취급하다 ② 치료하다　명 한턱, 대접
- My parents treat me like a child.
  나의 부모님은 나를 어린애 취급하신다.

561

valuable
[vǽljuəbl]

형 귀중한, 값비싼
- His advice was to prove valuable.
  그의 충고는 귀중한 것으로 입증되었다.

562

balance
[bǽləns]

명 균형　동 균형을 유지하다　→ balanced 형 균형 잡힌
- The account doesn't balance.
  계산이 맞지 않는다.

563

bet
[bet]

동 ① 돈을 걸다 ② ~이 틀림없다, 분명하다　명 내기
- I bet we're too late. 우리가 너무 늦은게 틀림없다.

564

communicate
[kəmjúːnəkèit]

동 의사소통을 하다, 전달하다
- They communicated in sign language.
  그들은 수화로 의사소통을 했다.
- communicate opinions to others　의견을 남에게 전하다

565

dictionary
[díkʃənèri]

명 사전
- a walking dictionary　살아있는 사전(박식한 사람)

566

hunger
[hʌ́ŋgər]

명 굶주림, 배고픔　→ hungry 형 배고픈
- Hunger is the best sauce. (속담) 시장이 반찬.
- Around fifty people die of hunger every day.
  매일 50명 정도의 사람들이 굶주림으로 죽어 간다.

567

novel
[nάvəl]

명 소설　→ novelist 명 소설가
- He used his imagination to write the novel.
  그는 그 소설을 쓰기 위해 상상력을 발휘했다.

568

path
[pæθ]

명 ① 길 ② 진로
- The path led up a steep hill. 그 길은 가파른 언덕으로 이어져 있었다.

569

pity
[píti]

명 ① 연민, 동정 ② 유감
- It was a pity to give it up.
  그것을 포기하는 것은 참으로 유감스러운 일이었다.

570

repair
[ripέər]

동 수리하다　명 수리
- I got my car repaired. 나는 나의 차를 수리하라고 시켰다.

80

A. 다음 낱말의 우리말 뜻을 쓰시오.

1. plenty   _____
2. survey   _____
3. hunger   _____
4. repair   _____
5. tough   _____

6. supply   _____
7. explore   _____
8. pity   _____
9. treat   _____
10. balance   _____

B. 우리말과 같은 뜻의 영어 낱말을 쓰시오.

1. 혀   _____
2. 연속   _____
3. 응답하다   _____
4. 귀중한   _____
5. 소설   _____
6. 근원   _____
7. 햇빛   _____

8. 전달하다   _____
9. 익숙한   _____
10. 규모   _____
11. 틀림없다   _____
12. 공정한   _____
13. 길   _____
14. 혀   _____

C. 다음 우리말과 뜻이 같도록 문장을 완성하시오.

1. 그것은 그 주제에 관한 가장 재미있는 책이다.

   = It is the most interesting book on the _____.
2. 당신은 적절한 치료가 필요한 것 같아요.

   = I think you need _____ care.
3. 숲 속에 나 있는 길을 따라 가라.

   = Follow the _____ through the woods.
4. 그녀는 부모님에게서 2,000달러를 빌렸다.

   = She _____ $2000 from her parents.
5. 이 시험에서는 사전을 사용해도 좋다.

   = You can use a _____ for this exam.
6. 우리 아이들은 같은 학교에 다닌다.

   = Our children _____ the same school.

Day 020

● **Preview Check** 오늘 학습할 낱말입니다. 이미 자신이 알고 있는 낱말에 ✔해 봅시다.

☐ attack	☐ wise	☐ stream	☐ delivery	☐ signal
☐ hole	☐ rope	☐ behave	☐ prove	☐ hang
☐ peace	☐ ignore	☐ pack	☐ silver	☐ height
☐ national	☐ narrow	☐ band	☐ grain	☐ blind
☐ judge	☐ cancer	☐ enter	☐ recipe	☐ freedom
☐ breath	☐ edge	☐ throat	☐ enemy	☐ instruct

수능 출제 랭킹

Basic

571
attack
[ətǽk]
명 공격 동 공격하다
● attack an enemy 적을 공격하다

572
breath
[breθ]
명 숨, 호흡
● She was very short of breath. 그녀는 몹시 숨이 가빠 했다.

573
cancer
[kǽnsər]
명 암
● The cancer has spread to his stomach.
암이 그의 위까지 퍼졌다.

574
band
[bænd]
명 ① 끈 ② 무리, 악단
● Use a band to hold the books together.
그 책들을 함께 묶으려면 끈을 이용해라.

575
silver
[sílvər]
명 은 형 은색의
● silver hair 백발

576
hang
[hæŋ]
동 걸다 → hanger 명 옷걸이
● Hang your coat up. 네 외투를 걸어라.

577
hole
[houl]
명 구멍
● I have a hole in my sock. 내 양말에 구멍이 났다.

578
wise
[waiz]
형 현명한 → wisely 부 현명하게
● It was wise of you to refuse his offer.
그의 제의를 거절한 것은 현명했다.

Intermediate

579

edge
[edʒ]

명 가장자리, 끝, 모서리
- I sat down at the water's edge. 나는 물가에 앉았다.

580

enter
[éntər]

동 ① 들어가다 ② 입학하다 → entrance 명 입구, 입장
- He entered the room. 그는 방으로 들어갔다.

581

grain
[grein]

명 ① 곡식, 곡물 ② 알갱이
- He feeds the horse on the grain. 그는 말에게 곡물을 먹인다.

582

height
[hait]

명 높이 → high 형 높은
- It is about 2 meters in height. 그것은 높이가 약 2미터이다.

583

peace
[piːs]

명 평화
- The country has been at peace for more than a century. 그 국가는 1세기 넘게 평화를 지켜 왔다.

584

rope
[roup]

명 밧줄 동 묶다
- We pulled the rope. 우리는 밧줄을 당겼다.

585

stream
[striːm]

명 시내 동 흐르다
- A stream flows under the bridge.
  개울이 다리 밑으로 흐르고 있다.
- His eyes streamed tears. 그의 눈에서 눈물이 흘러내렸다.

586

throat
[θrout]

명 목
- I have a sore throat. 목이 아프다.

587

recipe
[résəpi]

명 요리법
- I'll try your recipe. 네 요리법을 써보겠다.

588

blind
[blaind]

형 눈이 먼
- Guide dogs work for blind people.
  맹도견은 맹인들을 위해 일한다.

589

national
[nǽʃənl]

형 국립의, 국가의 반 international 국제적인 → nation 명 국가
- Yellowstone is a national park in the United States.
  Yellowstone은 미국의 국립공원이다.

590

ignore

[ignɔ́ːr]

동 무시하다

• Why did you ignore me tonight?
오늘 밤 왜 저를 무시했어요?

591

behave

[bihéiv]

동 행동하다 → behavior 명 행동

• He behaved himself like a gentleman.
그는 신사답게 처신했다.

592

delivery

[dilívəri]

명 배달 → deliver 동 배달하다

• Your letter arrived by the first delivery.
편지는 첫 배달로 받았습니다.

593

enemy

[énəmi]

명 적

• Let's stop being enemies. 서로 적대시하지 맙시다.

594

freedom

[fríːdəm]

명 자유 → free 형 자유로운

• He had freedom to do what he liked.
그에게는 하고 싶은 일은 무엇이나 할 수 있는 자유가 있었다.

595

judge

[dʒʌdʒ]

동 판결하다, 판단하다 명 판사, 심판 → judgement 명 판결

• The court judged the case. 그 법정은 그 사건을 재판했다.

596

narrow

[nǽrou]

형 좁은

• There was only a narrow gap between the bed and the wall. 침대와 벽 사이에는 좁은 틈만 나 있었다.

597

pack

[pæk]

동 싸다 명 포장 꾸러미

• She packed her clothes in the bag.
그녀는 의류를 가방에 챙겼다.

598

prove

[pruːv]

동 증명하다, 판명되다 → proof 명 증명, 증거

• It was soon proved that he was guilty.
그가 유죄라는 것이 곧 판명되었다.

599

signal

[sígnəl]

명 신호

• When I give the signal, run! 내가 신호를 보내면 달려!

600

instruct

[instrʌ́kt]

동 ① 지시하다 ② 가르치다

• David instructed the soldiers to attack.
David은 군사들에게 공격하라고 지시했다.

A. 다음 낱말의 우리말 뜻을 쓰시오.

1. signal _____
2. cancer _____
3. wise _____
4. freedom _____
5. rope _____
6. height _____

7. pack _____
8. silver _____
9. delivery _____
10. national _____
11. band _____
12. throat _____

B. 우리말과 같은 뜻의 영어 낱말을 쓰시오.

1. 적 _____
2. 좁은 _____
3. 무시하다 _____
4. 공격 _____
5. 판명되다 _____
6. 구멍 _____

7. 가장자리 _____
8. 조리법 _____
9. 행동하다 _____
10. 지시하다 _____
11. 걸다 _____
12. 판결하다 _____

C. 다음 우리말과 뜻이 같도록 문장을 완성하시오.

1. 그의 얼굴을 타고 눈물이 줄줄 흘러 내렸다.

   = Tears _____ down his face.

2. 그의 입김에서 마늘 냄새가 났다.

   = His _____ smelt of garlic.

3. 내 뒤를 따라 누군가가 방으로 들어왔다.

   = Someone _____ the room behind me.

4. 그 두 공동체는 함께 평화롭게 살고 있다.

   = The two communities live together in _____.

5. David는 곡식을 헛간에 쌓아 놓았다.

   = David stored _____ in the barn.

6. 그 개는 맹인을 도와줍니다.

   = The dog is helping the _____ man.

middle school **WORDS**

Day 021

601~630

● **Preview Check** 오늘 학습할 낱말입니다. 이미 자신이 알고 있는 낱말에 ✔해 봅시다.

☐ playground	☐ handle	☐ remove	☐ actually	☐ reflect
☐ coin	☐ proof	☐ difficulty	☐ poet	☐ lovely
☐ press	☐ wooden	☐ poem	☐ bite	☐ optimist
☐ typical	☐ partner	☐ beside	☐ nation	☐ tower
☐ yard	☐ aid	☐ crocodile	☐ separate	☐ challenge
☐ wave	☐ leader	☐ require	☐ message	☐ regret

수능 출제 랭킹 **Basic**

601
playground
[pléigràund]
몡 운동장
● They played soccer on the playground yesterday.
그들은 어제 운동장에서 축구를 했다.

602
wave
[weiv]
몡 파도 통 흔들다
● The branches waved in the breeze.
나뭇가지들이 산들바람에 흔들거렸다.

603
aid
[eid]
몡 도움 통 돕다
● He aided her with money and advice.
그녀에게 돈도 주고 또 조언도 해주었다.

604
beside
[bisáid]
젠 ~ 옆에
● He sat beside me. 그는 내 옆에 앉았다.

605
bite
[bait]
통 bit - bit 물다 몡 물기
● The dog bit me in the left leg. 개가 내 왼쪽 다리를 물었다.

606
lovely
[lʌ́vli]
혭 사랑스러운, 아름다운
● She is a lovely child 그녀는 사랑스러운 아이다.

607
coin
[kɔin]
몡 동전
● Much coin, much care. (속담) 돈이 많으면 걱정도 많다.

608

handle
[hǽndl]

롱 다루다, 처리하다　명 손잡이
- He handled the situation very well.
  그는 그 상황을 잘 처리했다.

Intermediate

609

leader
[líːdər]

명 지도자, 대표　→ leadership 명 지도력
- the leader of the party 그 당의 대표

610

crocodile
[krάkədàil]

명 악어
- The crocodile came up out of the water.
  악어가 물속에서 나왔다.

611

nation
[néiʃən]

명 국가　→ national 형 국가의, 국립의
- the African nations 아프리카 국가들

612

optimist
[άptəmist]

명 낙천주의자
- I'm an optimist in all things. 나는 모든 일에서 낙관적이다.

613

press
[pres]

롱 누르다　명 언론　→ pressure 명 압력
- We pressed the button on the wall.
  우리는 벽에 있는 버튼을 눌렀다.

614

proof
[pruːf]

명 증거, 증명
- There is no proof that he is guilty. 그가 유죄라는 증거가 없다.

615

remove
[rimúːv]

롱 제거하다, 없애다 (= get fid of)
- I was allowed to remove the bandage.
  붕대를 풀어도 좋다는 허락을 받았다.

616

require
[rikwáiər]

롱 ① 필요로 하다 ② 요구하다　→ request 명 요청, 요구
- He required some more information from me.
  그는 나에게 좀 더 많은 정보를 제공해줄 것을 요구했다.

617

separate
[sépərèit]

롱 분리되다　형 [sépərət] 분리된　→ separated 형 갈라선
- Separate the eggs. 달걀을 흰자위와 노른자위로 분리하라.

618

tower
[táuər]

명 탑
- The tower leans on one side. 그 탑은 한쪽으로 비스듬하다.

619

typical
[típikəl]

형 전형적인, 대표적인
- The weather is not typical for July.
  날씨가 전형적인 7월 날씨는 아니다.

Advanced

620

wooden
[wúdn]

형 나무로 된, 목재의
- a wooden house 나무로 지은 집

621

difficulty
[dífikʌlti]

명 어려움, 곤경
- I feel difficulty in studying English.
  나는 영어 공부에 어려움을 느낀다.

622

actually
[ǽktʃuəli]

부 정말로, 실제로
- That's the only reason I'm actually going.
  그것이 내가 정말 가는 유일한 이유이다.

623

message
[mésidʒ]

명 전갈, 메시지 합 text message 문자 메시지
- Will you give her this message?
  이 메시지를 그녀에게 전해줄래요?

624

challenge
[tʃǽlindʒ]

명 도전 동 도전하다, 신청하다
- He challenged me to a game of tennis.
  그는 나에게 테니스 시합을 신청했다.

625

yard
[jɑːrd]

명 뜰, 구내
- The children were playing in the yard.
  그 아이들은 뜰에서 놀고 있었다.

626

partner
[pɑ́ːrtnər]

명 동반자, 동업자, 짝
- This is my business partner.
  이분은 나의 사업 동업자이다.

627

poem
[póuəm]

명 시
- The student read his poem aloud in class.
  그 학생은 수업 시간에 자신의 시를 큰 소리로 읽었다.

628

poet
[póuit]

명 시인
- Not every man can be a poet.
  모두가 다 시인이 될 수 있는 것은 아니다.

629

reflect
[riflékt]

동 비추다, 반사하다
- The trees are clearly reflected in the lake.
  나무들이 호수에 뚜렷하게 비치고 있다.

630

regret
[rigrét]

동 후회하다 명 후회
- He regretted buying this car.
  그는 이 차를 산 것을 후회했다.

A. 다음 낱말의 우리말 뜻을 쓰시오.

1. require _____
2. bite _____
3. separate _____
4. crocodile _____
5. poet _____

6. partner _____
7. challenge _____
8. optimist _____
9. yard _____
10. reflect _____

B. 우리말과 같은 뜻의 영어 낱말을 쓰시오.

1. 누르다 _____
2. 전형적인 _____
3. 증거 _____
4. 제거하다 _____
5. 정말로 _____
6. 운동장 _____
7. 메시지 _____
8. 시 _____

9. 어려움 _____
10. 손잡이 _____
11. 국가 _____
12. 파도 _____
13. 지원 _____
14. 지도자 _____
15. 나무로 된 _____
16. 사랑스러운 _____

C. 다음 우리말과 뜻이 같도록 문장을 완성하시오.

1. 그들은 탑 오르기 경주의 시간을 재고 있다.
   = They are timing a race up the _____.
2. 어느 쪽 손에 동전이 들었는지 맞춰 봐.
   = Guess which hand holds a _____.
3. 나는 내가 한 말을 깊이 후회한다.
   = I deeply _____ what I said.
4. 그 공원은 학교 옆에 있습니다.
   = That park is _____ a school.

Day 022

● **Preview Check** 오늘 학습할 낱말입니다. 이미 자신이 알고 있는 낱말에 ✔해 봅시다.

☐ appearance	☐ cheer	☐ pace	☐ chat	☐ faucet
☐ asleep	☐ net	☐ introduce	☐ fantastic	☐ violent
☐ lift	☐ youth	☐ fabric	☐ tool	☐ journal
☐ usual	☐ exact	☐ smart	☐ courage	☐ succeed
☐ crowded	☐ skill	☐ coast	☐ sight	☐ chain
☐ silent	☐ climb	☐ patient	☐ bother	☐ function

수능 출제 랭킹 **Basic**

631

appearance
[əpíərəns]

명 외모, 모습
● Judging by appearances can be misleading.
겉모습을 보고 판단하면 잘못될 수가 있다.

632

silent
[sáilənt]

형 조용한, 말을 안 하는 → silently 부 아무 말 없이
● I don't intend to be silent.
나는 침묵을 지킬 생각은 아니야.

633

skill
[skil]

명 기술 → skillful 형 숙련된
● Ella has great skill on the piano. 엘라는 피아노의 기량이 높다.

634

smart
[smɑ:rt]

형 ① 맵시 좋은 ② 똑똑한, 영리한
● They were wearing their smartest clothes.
그들은 자신들의 옷 중에서 가장 깔끔한 옷을 입고 있었다.

635

tool
[tu:l]

명 도구
● the tools of one's trade 장사 도구

636

violent
[váiələnt]

형 폭력적인, 난폭한
● Her husband was a violent man.
그녀의 남편은 폭력적인 남자였다.

637

asleep
[əslí:p]

형 잠이 든
● He is fast asleep. 푹 잠들어 있다.

638

cheer
[tʃiər]

명 환호 동 응원하다
- We cheered up our friend in the hospital.
  우리는 입원한 친구를 격려했다.

Intermediate

639

climb
[klaim]

동 오르다, 등반하다
- A cat is climbing a tree. 고양이가 나무를 오르고 있다.

640

coast
[koust]

명 해안
- We walked along the coast. 우리는 해안을 따라 걸었다.

641

courage
[kə́ːridʒ]

명 용기
- A little courage goes a long way.
  작은 용기가 큰 도움이 된다.

642

journal
[dʒə́ːrnl]

명 ① 신문, 잡지 ② 일기, 일지
- a monthly journal 월간 잡지

643

lift
[lift]

동 들어 올리다 명 승강기
- I could not lift the stone. 그 돌을 들어 올릴 수 없었다.

644

net
[net]

명 그물
- The ball bounced over the net. 공이 튀어 네트를 넘어갔다.

645

pace
[peis]

명 속도, 걸음 동 속도를 유지하다
- He paced his game skilfully.
  그는 능숙하게 경기의 속도를 유지했다.

646

patient
[péiʃənt]

명 환자 형 참을성 있는 → patiently 부 끈기 있게
- He's one of Dr Shaw's patients.
  그는 쇼 박사의 환자 중 한 명이다.

647

sight
[sait]

명 시력, 시야
- The disease has affected her sight.
  그 병이 그녀의 시력에 영향을 주었다.

648

succeed
[səksíːd]

동 ① 성공하다 ② 계승하다 → success 명 성공
- He succeeded in the discovery. 그는 발견에 성공했다.
- Elizabeth succeeded Mary as queen.
  Elizabeth가 Mary의 뒤를 이어 여왕이 되었다.

649

usual
[júːʒuəl]

형 보통의, 평상시의
- I left home earlier than usual. 나는 평소보다 빨리 집을 나섰다.

수능 출제 랭킹

Advanced

650 **youth** [juːθ]
명 **젊음, 청년, 청년기** → young 형 젊은
- He had been a talented musician in his youth.
  그는 어렸을 때 재능 있는 음악가였었다.

651 **introduce** [ìntrədjúːs]
동 **소개하다** → introduction 명 소개
- Can I introduce my wife? 제 아내를 **소개할**까요?

652 **chat** [tʃæt]
동 **잡담하다** 명 **대화** → chatty 형 수다스러운
- What were you chatting about? 무슨 **얘기를 하고** 있었니?

653 **bother** [báðər]
동 **성가시게 하다, 괴롭히다** 명 **고민거리**
- I don't know why you bother with that crowd.
  네가 왜 그 사람들 때문에 **신경을** 쓰는지 모르겠어.

654 **chain** [tʃein]
명 **① 사슬 ② 구속, 속박** 동 **묶다**
- Bulls are kept on a chain. 황소들이 **사슬에** 매어져 있다.

655 **crowded** [kráudid]
형 **붐비는** → crowd 명 군중
- The hall is crowded with people. 복도에는 사람들로 **붐빈다**.
  *be crowded with ~으로 꽉 차다

656 **exact** [igzǽkt]
형 **정확한** → exactly 부 정확히
- The colours were an exact match.
  그 색깔들은 **정확히** 들어맞았다.

657 **fabric** [fǽbrik]
명 **직물, 옷감**
- This is a beautiful fabric. 이 **옷감**은 예쁘군요.

658 **fantastic** [fæntǽstik]
형 **환상적인**
- The weather was very fantastic.
  날씨가 그야말로 **환상적이**었다.

659 **faucet** [fɔ́ːsit]
명 **수도꼭지**
- I must have left a faucet on.
  나는 **수도꼭지**를 켜 놓았음에 틀림없다.

660 **function** [fʌ́ŋkʃən]
명 **기능, 작동**
- This is an important function of a nation.
  이것은 국가의 중요한 **기능**이다.

A. 다음 낱말의 우리말 뜻을 쓰시오.

1. coast _____
2. youth _____
3. chat _____
4. bother _____
5. chain _____
6. fantastic _____
7. function _____

8. appearance _____
9. silent _____
10. sight _____
11. violent _____
12. smart _____
13. lift _____
14. introduce _____

B. 우리말과 같은 뜻의 영어 낱말을 쓰시오.

1. 보통의 _____
2. 도구 _____
3. 성공하다 _____
4. 환자 _____
5. 오르다 _____

6. 속도 _____
7. 그물 _____
8. 직물 _____
9. 신문, 잡지 _____
10. 붐비는 _____

C. 다음 우리말과 뜻이 같도록 문장을 완성하시오.

1. 나는 아직도 그녀에게 물어 볼 용기가 없다.

= I don't have the _____ to ask her.

2. 나는 정확한 시간을 모른다.

= I don't know the _____ time.

3. 사용하지 않을 때는 수도꼭지를 잠그세요.

= Turn off the _____ when not using it.

4. 그녀는 출근을 했을 때도 아직 잠이 반쯤 덜 깬 상태였다.

= She was still half _____ when she arrived at work.

5. 그는 공작 솜씨가 대단하다.

= He has great _____ in handwork.

6. 우리 모두 우리 야구팀을 응원했다.

= We all _____ our baseball team.

Day 023

● **Preview Check** 오늘 학습할 낱말입니다. 이미 자신이 알고 있는 낱말에 ✔해 봅시다.

☐ guide	☐ passion	☐ title	☐ empire	☐ shore
☐ operate	☐ task	☐ brief	☐ shell	☐ motivate
☐ senior	☐ alive	☐ rubber	☐ mention	☐ scene
☐ actual	☐ row	☐ impression	☐ request	☐ wound
☐ note	☐ host	☐ praise	☐ wealth	☐ lend
☐ heaven	☐ pot	☐ upper	☐ harm	☐ spirit

수능
출제
랭킹

Basic

661
guide
[ɡaid]

명 안내인 동 안내하다 → guidance 명 지침
● My older sister is a tour guide. 나의 누나는 관광 안내인이다.

662
heaven
[hévən]

명 천국, 하늘나라
● I feel like I've died and gone to heaven.
나는 죽어서 하늘나라에 간 기분이다.

663
host
[houst]

명 주인 동 주최하다
● Germany hosted the World Cup finals.
독일이 월드컵 결승전을 주최했다.

664
impression
[impréʃən]

명 인상
● Those are his first impressions of Seoul.
그러한 것들이 그의 서울에 대한 첫인상이다.

665
mention
[ménʃən]

동 말하다, 언급하다
● I mentioned your name to him.
나는 그에게 네 이름을 말해 주었다.

666
motivate
[móutəvèit]

동 동기를 부여하다, 자극하다
● I was trying to motivate him.
나는 그에게 동기부여하려고 노력하고 있었다.

667
operate
[ápərèit]

동 ① 조작하다, 작동하다 ② 수술하다
● The machines will not operate properly.
기계가 잘 돌아가지 않는다.

668

passion
[pǽʃən]

명 열정
● He has a passion for music. 그는 음악을 대단히 좋아한다.

Intermediate

669

pot
[pɑt]

명 냄비, 솥
● A little pot is soon hot. (속담) 작은 냄비는 쉬이 뜨거워진다.

670

praise
[preiz]

명 칭찬 동 칭찬하다
● She wrote poems in praise of freedom.
그녀는 자유를 찬양하는 시들을 썼다.

671

request
[rikwést]

명 요청 동 요청하다
● We made a request to them for the information.
우리는 그들에게 정보를 제공해 달라고 요청했다.

672

scene
[siːn]

명 (연극, 영화 등의) 장면, 현장
● Firefighters were on the scene immediately.
소방관들이 즉시 현장으로 출동했다.

673

senior
[síːnjər]

형 손위의 명 손윗사람
● He is three years senior to me. 그는 나보다 세 살 연상이다.

674

task
[tæsk]

명 일, 과업
● He has done his task. 그는 자기 일을 해냈다.

675

title
[táitl]

명 ① 제목 ② 직함, 칭호
● What is the title of the book?
그 책의 제목이 뭐니?

676

upper
[ʌ́pər]

형 위쪽의, 상위의
● At first, only men and women of the upper classes wore it. 처음에는 상류층의 남성과 여성만이 그것을 착용했다.

677

wealth
[welθ]

명 부, 재산 → wealthy 형 부유한(=rich)
● He is a man of great wealth. 그는 엄청난 재산가이다.

678

wound
[wuːnd]

명 상처 동 상처를 입히다 → wounded 형 부상을 입은
● Five soldiers were killed and twenty wounded.
5명의 병사가 죽고 20명의 병사가 부상당했다.

679

actual
[ǽktʃuəl]

형 실제의 → actually 부 실제로
● I don't know his actual date of birth.
나는 그의 진짜 생일을 모른다.

Advanced

680

alive

[əláiv]

형 살아 있는, 생생한
- I was glad to hear you're alive and well.
  자네가 무사히 살아 있다는 소식을 듣고 기뻤어.
- The party came alive when she showed up.
  그녀가 나타나자 파티는 **활기**를 띠었다.

681

brief

[bri:f]

형 짧은 명 업무 지침서
- Mozart's life was brief. 모차르트의 생애는 **짧았다.**

682

empire

[émpaiər]

명 제국
- the Roman Empire 로마 **제국**
- These states were merged into the Empire.
  이 국가들은 제국에 합병되었다.

683

harm

[hɑ:rm]

명 해 통 해치다 → harmful 형 해로운
- I meant no harm. 악의로 한 것은 아니다.
- He won't harm a fly. 그는 벌레도 안 죽인다.

684

lend

[lend]

통 빌려주다 빤 borrow 빌리다
- I cannot lend it to everybody. 아무에게나 **빌려** 줄 수는 없다.
- They refused to lend us the money.
  그들이 우리에게 그 돈을 **빌려주기**를 거부했다.

685

note

[nout]

명 쪽지, 메모
- My mother left a note for me. 나의 엄마는 내게 **메모**를 남겼다.

686

row

[rou]

명 ① 줄, 열 ② 노젓기 통 노를 젓다
- The vegetables were planted in neat rows.
  그 채소들은 깔끔하게 **줄**을 맞춰 심어져 있었다.

687

rubber

[rʌ́bər]

명 고무
- There is no spring left in these old rubber bands.
  이 낡은 고무 밴드는 탄력이 없다.

688

shell

[ʃel]

명 껍데기, 껍질
- We collected shells on the beach.
  우리는 해변에서 **조가비**를 모았다.

689

shore

[ʃɔ:r]

명 해안, 기슭
- Waves are beating against the shore.
  파도가 **기슭**을 때리고 있다.

690

spirit

[spírit]

명 정신, 마음, 기분 → spiritual 형 정신의
- You must try and keep your spirits up.
  기분을 명랑하게 갖도록 노력해야 한다.

96

A. 다음 낱말의 우리말 뜻을 쓰시오.

1. senior _____
2. passion _____
3. row _____
4. actual _____
5. heaven _____
6. spirit _____

7. request _____
8. empire _____
9. motivate _____
10. alive _____
11. operate _____
12. shell _____

B. 우리말과 같은 뜻의 영어 낱말을 쓰시오.

1. 장면 _____
2. 위쪽의 _____
3. 칭찬 _____
4. 해치다 _____
5. 재산 _____
6. 냄비 _____
7. 메모 _____

8. 주인 _____
9. 말하다 _____
10. 일 _____
11. 제목 _____
12. 빌려주다 _____
13. 안내인 _____
14. 해안 _____

C. 다음 우리말과 뜻이 같도록 문장을 완성하시오.

1. 그 남자는 고무 보트를 젓고 있다.
   = The man is rowing his _____ boat.
2. 내가 느끼는 인상은 아직도 문제가 많다는 것이다.
   = My _____ is that there are still a lot of problems.
3. 학생은 전원 그 책에 대한 짧은 요약문을 써야 한다.
   = Each student is to write a _____ outline of the book.
4. 간호사가 상처를 닦아 냈다.
   = The nurse cleaned the _____.

Day 024

● **Preview Check** 오늘 학습할 낱말입니다. 이미 자신이 알고 있는 낱말에 ✔해 봅시다.

☐ tail	☐ blame	☐ fuel	☐ shine	☐ thumb
☐ argument	☐ discuss	☐ rush	☐ tent	☐ argue
☐ creature	☐ reply	☐ stupid	☐ god	☐ concern
☐ react	☐ spot	☐ actor	☐ spicy	☐ overcome
☐ somebody	☐ activity	☐ block	☐ opinion	☐ soap
☐ wire	☐ blend	☐ link	☐ silk	☐ tornado

Basic

691

tail
[teil]

명 꼬리
● The male has beautiful tail feathers.
수컷은 아름다운 꼬리 깃털을 가지고 있다.

692

wire
[waiər]

명 철사, 전선 동 전선을 연결하다
● Make sure the plug is wired up correctly.
반드시 플러그가 바르게 연결되게 하라.

693

activity
[æktívəti]

명 활동
● The volcano is in activity. 그 화산은 활동 중이다.

694

actor
[æktər]

명 배우
● I'm a director, writer, actor and producer.
나는 감독이자 작가, 배우 겸 제작자이다.

695

god
[gɑd]

명 하느님, 신
● Do you believe in God? 당신은 하느님을 믿나요?

696

argue
[ɑ́:rgju:]

동 주장하다, 논쟁하다
● Galilei argued that the earth was round.
갈릴레이는 지구는 둥글다고 주장했다.

697

argument
[ɑ́:rgjumənt]

명 논쟁, 주장 → argue 동 논쟁하다
● We had an argument about the matter.
우리는 그 일에 대해서 의논을 했다.

698
blame
[bleim]

동 비난하다, ~의 탓으로 돌리다　명 책임, 탓
- He blamed me for the accident.
  그는 사고의 책임은 나에게 있다고 **책망했다**.

Intermediate

699
blend
[blend]

동 섞(이)다　명 혼합
- The two rivers blend their waters here.
  두 강은 이곳에서 **합류한다**.

700
block
[blɑk]

동 막다　명 구역
- The road is still blocked.　그 도로는 아직 **막혀있다**.

701
spicy
[spáisi]

형 양념 맛이 강한, 매운
- I'm used to eating spicy food.　저는 매운 음식 먹는데 익숙합니다.

702
concern
[kənsə́:rn]

동 걱정시키다　명 ① 걱정 ② 관심사
- a matter of concern　관심사

703
creature
[krítʃər]

명 생물, 동물
- strange creatures from outer space
  외계에서 온 이상한 **생명체**

704
discuss
[diskʌ́s]

동 의논하다　→ discussion 명 토론
- They discussed how the problem could be solved.
  그들은 어떻게 해서 그 문제를 풀 것인가 서로 **의논했다**.

705
fuel
[fjú:əl]

명 연료　동 연료를 공급하다
- At last we have enough fuel.
  드디어 우리는 연료가 충분하다.

706
link
[liŋk]

명 연결, 관계　동 연결하다
- The ferryboat links the island to the mainland.
  그 연락선은 섬과 본토를 **연결한다**.

707
opinion
[əpínjən]

명 의견
- I changed my opinion.　나는 나의 **의견**을 바꿨다.

708
overcome
[ouvərlkʌ́m]

동 overcame - overcome 이겨내다, 극복하다
- He succeeded in overcoming all those difficulties.
  그는 그 난관을 모조리 **이겨낼** 수가 있었다.

709
react
[riǽkt]

동 반응하다　→ reaction 명 반응
- Our eye reacts to light.　우리들의 눈은 빛에 **반응한다**.

710

reply
[riplái]

동 대답하다, 답장하다 명 대답 동 answer
- I won't reply to this letter. 나는 이 편지에 대한 회답은 하지 않겠다.
- He made no reply to my request.
  그는 나의 요구에 아무런 대답도 하지 않았다.

711

rush
[rʌʃ]

동 서두르다, 돌진하다 명 ① 돌진 ② 혼잡
- We had to rush our meal. 우리는 서둘러 식사를 해야 했다.
- There is a traffic jam for rush hour.
  출퇴근 혼잡 시간에는 교통 체증이 있다.

712

shine
[ʃain]

동 shone - shone 빛나다
- The sun shone brightly in a clear sky.
  맑은 하늘에서 해가 밝게 빛났다.

713

silk
[silk]

명 비단
- Her skin was as smooth as silk.
  그녀는 피부가 비단결 같이 매끄러웠다.

714

soap
[soup]

명 비누
- Rub your hands with the soap. 손에 비누칠을 해라.

715

somebody
[sʌ́mbàdi]

대 어떤 사람 명 대단한 인물
- She thinks she's really somebody in that car.
  그녀는 그 차를 타니까 자기가 진짜 대단한 사람인 줄 안다.

716

spot
[spɑt]

명 ① 장소, 곳 ② 점, 얼룩
- She was wearing a black skirt with white spots.
  그녀는 흰 점무늬가 있는 까만 치마를 입고 있었다.

717

stupid
[stjúːpid]

형 어리석은, 바보같은
- I was stupid enough to believe him.
  내가 그를 믿다니 참 어리석었다.

718

tent
[tent]

명 천막, 텐트
- My family went camping and slept in a tent.
  나의 가족은 캠핑을 가서 텐트에서 잤다.

719

thumb
[θʌm]

명 엄지손가락
- She still sucks her thumb when she's worried.
  그녀는 아직도 걱정이 될 때면 엄지손가락을 빤다.

720

tornado
[tɔːrnéidou]

명 회오리바람, 토네이도
- However, this tornado was unusually strong.
  그러나 이번 토네이도는 대단히 강력했습니다.

A. 다음 낱말의 우리말 뜻을 쓰시오.

1. fuel _____
2. actor _____
3. opinion _____
4. silk _____
5. tornado _____

6. activity _____
7. reply _____
8. somebody _____
9. wire _____
10. tent _____

B. 우리말과 같은 뜻의 영어 낱말을 쓰시오.

1. 반응하다 _____
2. 생물 _____
3. 비난하다 _____
4. 의논하다 _____
5. 연결 _____
6. 비누 _____

7. 걱정 _____
8. 어리석은 _____
9. 꼬리 _____
10. 빛나다 _____
11. 구역 _____
12. 신 _____

C. 다음 우리말과 뜻이 같도록 문장을 완성하시오.

1. 손에는 손가락 넷과 엄지가 하나 있다.
   = A hand has four fingers and a _____.
2. 덜 매운 걸로 드릴까요?
   = Do you want it less _____?
3. 약간의 논쟁 끝에 마침내 결정이 내려졌다.
   = After some _____ a decision was finally taken.
4. 사람들이 서둘러 그 회사의 주식을 사들였다.
   = People _____ to buy shares in the company.
5. 그녀는 부상을 극복하고 올림픽 금메달을 땄다.
   = She _____ injury to win the Olympic gold medal.
6. 우리는 돈 때문에 늘 서로 다툰다.
   = We always _____ with each other about money.
7. 달걀, 설탕, 밀가루를 함께 섞어라.
   = _____ together the eggs, sugar and flour.

Day 025

● **Preview Check** 오늘 학습할 낱말입니다. 이미 자신이 알고 있는 낱말에 ✔해 봅시다.

☐ billion	☐ tomb	☐ noisy	☐ sensitive	☐ shelf
☐ thief	☐ important	☐ bone	☐ planet	☐ elderly
☐ gather	☐ relative	☐ manner	☐ male	☐ collect
☐ valley	☐ emotion	☐ compass	☐ cafeteria	☐ royal
☐ curious	☐ sharp	☐ curl	☐ last	☐ anywhere
☐ flour	☐ belong	☐ bored	☐ guard	☐ postcard

수능
출제
랭킹 ## Basic

721

billion
[bíljən]

명 10억
● There are about seven billion people in the world.
세계에는 약 70억 명의 인구가 있다.

722

flour
[fláuər]

명 밀가루
● Bread is made from flour. 빵은 밀가루로 만든다.

723

sharp
[ʃɑːrp]

형 날카로운, 예리한 → sharpen 동 날카롭게 하다
● a sharp knife 예리한 나이프

724

compass
[kʌ́mpəs]

명 나침반
● They look at their compass, but it's no use.
그들은 나침반을 보지만, 그건 소용이 없어.

725

male
[meil]

형 남성의, 수컷의 명 남성, 수컷 반 female
● There's a man, a male nurse. 간호사인 남성이 한 명 있습니다.

726

elderly
[éldərli]

형 나이가 지긋한 동 old 참 elder 연상의
● an elderly couple 노부부

727

thief
[θiːf]

명 도둑
● Thieves are made, not born. (속담) 도둑의 씨는 없다.

728

tomb
[tuːm]

명 무덤
● The Taj Mahal is a large tomb.
타지마할은 아주 큰 무덤이다.

Intermediate

729

belong
[bilɔ́ŋ]

동 ~에 속하다, ~의 소유이다 (to)
- This smartphone belongs to me.
  이 스마트폰은 내 것이다.

730

curl
[kəːrl]

동 곱슬곱슬하다 → curly 형 곱슬곱슬한
- She has curled her hair. 머리카락을 곱슬곱슬하게 하고 있다.

731

cafeteria
[kæfətíəriə]

명 구내식당
- We have lunch at a school cafeteria.
  우리는 학교 식당에서 점심을 먹는다.

732

collect
[kəlékt]

동 모으다 → collection 명 수집품
- Samples were collected from over 200 patients.
  200 여명의 환자들로부터 샘플이 수집되었다.

733

gather
[ɡǽðər]

동 모으다, 모이다
- Worker ants gather food and repair the nest.
  일개미는 먹이를 모으고 집을 수리한다.
- I waited while he gathered up his papers.
  나는 그가 서류를 다 챙기는 동안 기다렸다.

734

important
[impɔ́ːrtənt]

형 중요한 → importance 명 중요성
- The matter is important to us. 그 일은 우리에게 중대하다.

735

noisy
[nɔ́izi]

형 시끄러운 → noise 명 소음
- Don't be noisy! 조용히 해!

736

bored
[bɔːrd]

형 지겨운, 지루해하는 참 boring 지루한
- I was bored and needed a change of pace.
  나는 따분해서 기분전환하고 싶었다.

737

last
[læst]

형 ① 마지막의 ② 지난 동 계속되다 → lastly 부 마지막으로
- I caught the last bus home. 나는 집으로 가는 마지막 버스를 탔다.

738

royal
[rɔ́iəl]

형 왕의
- the royal family 왕족

739

valley
[vǽli]

명 골짜기, 계곡
- The valley lies spread out before us.
  골짜기가 우리의 눈앞에 트였다.

Advanced

740

relative
[rélətiv]

명 친척　형 상대적인　→ relatively 부 상대적으로
- I have no relatives in Korea. 나는 한국에 친척이 없다.

741

bone
[boun]

명 뼈
- Calcium makes your bones strong.
  칼슘은 당신의 뼈를 튼튼하게 한다.

742

sensitive
[sénsətiv]

형 예민한, 민감한
- Lisa is sensitive about her appearance.
  Lisa는 자신의 외모에 민감하다.

743

guard
[gɑːrd]

명 ① 경비원, 보초 ② 감시　동 지키다
- A guard was posted outside the building.
  그 건물 밖에는 경비원이 한 명 배치되어 있었다.

744

anywhere
[énihwɛər]

부 아무데나
- You can go anywhere. 너는 어디든지 가도 좋다.

745

curious
[kjúəriəs]

형 궁금한, 호기심이 강한　→ curiosity 명 호기심
- I am curious as to how she will receive the news.
  그녀가 그 소식을 듣고 어떻게 생각할 것인지 궁금하다.

746

emotion
[imóuʃən]

명 감정
- Mary was overcome with emotion.
  Mary는 감정에 사로잡혔다.

747

manner
[mǽnər]

명 ① 태도 ② (-s) 예의
- Her manner is polite but cool.
  그녀의 태도는 정중하지만 냉정하다.

748

planet
[plǽnit]

명 행성
- When do you plan to visit the planet?
  그 행성을 당신은 언제 방문할 계획입니까?

749

shelf
[ʃelf]

명 선반, 책꽂이
- The book I wanted was on the top shelf.
  내가 원하는 책은 책장의 맨 위 칸에 있었다.

750

postcard
[póustkàːrd]

명 엽서, 그림엽서
- Lily sent me a postcard from Boston.
  Lily가 보스턴에서 나에게 엽서를 보내왔다.

A. 다음 낱말의 우리말 뜻을 쓰시오.

1. emotion _____
2. shelf _____
3. curl _____
4. flour _____
5. elderly _____
6. important _____
7. tomb _____

8. planet _____
9. last _____
10. compass _____
11. bone _____
12. noisy _____
13. relative _____
14. sharp _____

B. 우리말과 같은 뜻의 영어 낱말을 쓰시오.

1. 아무데나 _____
2. 왕의 _____
3. 골짜기 _____
4. 그림엽서 _____
5. 궁금한 _____

6. 태도 _____
7. 예민한 _____
8. 모으다 _____
9. 도둑 _____
10. 구내식당 _____

C. 다음 우리말과 뜻이 같도록 문장을 완성하시오.

1. 나는 그 회의에서 지루했다.

   = I was _____ in the meeting.
2. 우리는 사용한 캔과 종이를 재활용하기 위해 수집한다.

   = We _____ used cans and papers for recycling.
3. 도와줘요! 나는 남성의 도움이 필요해요.

   = Help, I need some _____ support.
4. 그들은 그 문제에 수십억 달러를 써 왔다.

   = They have spent _____ on the problem.
5. 이 컴퓨터는 그녀의 것이다.

   = This computer _____ to her.
6. 경비원들이 문을 막고 있다.

   = The _____ are blocking the gate.

Day 026

● **Preview Check** 오늘 학습할 낱말입니다. 이미 자신이 알고 있는 낱말에 ✔해 봅시다.

☐ shock	☐ cotton	☐ soul	☐ wrap	☐ comfort
☐ classic	☐ sausage	☐ underground	☐ celebrate	☐ battle
☐ raw	☐ trick	☐ captain	☐ straw	☐ odd
☐ tire	☐ capital	☐ sum	☐ golden	☐ tight
☐ bowl	☐ state	☐ eastern	☐ pond	☐ base
☐ shower	☐ delight	☐ thick	☐ abroad	☐ gallery

Basic

751

shock
[ʃak]

몡 충격 툉 충격을 주다 → shocking 휑 충격적인
● He's still in a state of shock.
그는 아직도 충격을 벗어나지 못한 상태이다.

752

shower
[ʃáuər]

몡 ① 샤워 ② 소나기 툉 샤워를 하다
● He's in the shower. 그는 샤워 중이에요.

753

state
[steit]

몡 ① 상태 ② (미국의) 주(州) 툉 말하다, 진술하다
● He is in a good state of health. 그의 건강 상태는 좋다.

754

sum
[sʌm]

몡 합, 합계
● The sum of 6 and 8 is 14. 6과 8의 합계는 14이다.

755

straw
[strɔː]

몡 ① 짚 ② 빨대
● a straw hat 밀짚 모자

756

battle
[bǽtl]

몡 전투 툉 싸우다
● There's been a change in the battle plan.
전투 계획에 지금까지 변동이 있었습니다.

757

classic
[klǽsik]

휑 ① 고전의 ② 일류의 → classical 휑 고전적인
● Classic books turned into comics again.
고전 작품들이 다시 만화로 바뀌었다.

758

cotton
[kátn]

몡 무명
● I think I'll wear these cotton pajamas.
저는 이 면 파자마를 입을까 해요.

759 **delight**
[diláit]

명 기쁨 동 기쁘게 하다
- This news will delight his fans all over the world.
  이 소식은 전 세계에 있는 그의 팬들을 대단히 **기쁘게** 해 줄 것이다.

760 **eastern**
[íːstərn]

형 동쪽에 위치한 → east 명 동쪽
- The local time is 10:50 in the morning Eastern Time.
  현지 시각은 동부 표준시로 아침 10시 50분입니다.

761 **golden**
[góuldən]

형 ① 금으로 만든 ② 귀중한 → gold 명 금
- Speech is silver, silence is golden. (속담) 웅변은 은 침묵은 금.

762 **odd**
[ɑd]

형 이상한
- Her behavior seemed a little odd. 그녀의 행동은 약간 **이상했다**.

763 **raw**
[rɔː]

형 익히지 않은, 날것의
- These fish are often eaten raw. 이들 생선은 흔히 **날로** 먹는다.

764 **sausage**
[sɔ́ːsidʒ]

명 소시지
- 200g of garlic sausage 마늘 소시지 200 그램

765 **soul**
[soul]

명 정신 → soulful 형 감정이 풍부한
- He has a soul above material pleasures.
  그는 물질적 쾌락을 초월한 **정신**의 소유자다.

766 **thick**
[θik]

형 ① 두꺼운 반 thin 얇은 ② 짙은, 울창한
- I wore a thick coat. 나는 **두툼한** 코트를 입었다.

767 **pond**
[pɑnd]

명 연못
- People are sitting by a pond. 사람들은 **연못**가에 앉아 있다.

768 **tight**
[tait]

형 ① 꽉 끼는 ② 빡빡한 → tighten 동 팽팽해지다
- These shoes are much too tight. 이 신발은 너무 많이 조인다.

769 **tire**
[taiər]

동 피곤하게 하다 명 타이어 → tired 형 피곤한
- I walked so fast that I tired him out.
  내가 너무 빨리 걸었기 때문에 그는 지쳐 **녹초가** 되었다.

Advanced

770

trick
[trik]

명 속임수, 요령, 마술　동 속이다
- You shall not serve me that trick twice.
  두 번 다시 그 수엔 안 속아 넘어간다.
- The poor boy was tricked out of all his money.
  가엾은 소년은 속아서 가진 돈을 몽땅 빼앗겼다.

771

underground
[ʌ̀ndərgráund]

형 지하의　부 지하에
- an underground parking lot 지하 주차장

772

wrap
[ræp]

동 싸다, 포장하다
- The top of the mountain was wrapped in clouds.
  산꼭대기는 구름으로 싸여 있었다.

773

abroad
[əbrɔ́ːd]

부 해외에서, 해외로
- I want to live abroad. 해외에서 살고 싶다.

774

base
[beis]

명 토대, 기반　동 ~에 근거지를 두다
- The lamp has a heavy base. 그 램프는 밑받침이 묵직하다.

775

bowl
[boul]

명 그릇, 사발　동 (볼링) 공을 굴리다
- He ate two bowls of rice for lunch.
  그는 점심으로 밥 두 공기를 먹었다.

776

capital
[kǽpətl]

명 ① 수도 ② 대문자 ③ 자본
- Cairo is the capital of Egypt. 카이로는 이집트의 수도이다.

777

captain
[kǽptən]

명 ① 선장, 기장 ② 주장
- I am the captain of this ship.
  저는 이 배의 선장입니다.

778

celebrate
[séləbreit]

동 기념하다, 축하하다
- We celebrated Christmas with trees and presents.
  우리는 트리를 장식하고 선물도 하면서 성탄절을 축하했다.

779

comfort
[kʌ́mfərt]

명 위로 → comfortable 형 편안한
- He was a great comfort to his parents.
  그는 양친에게 큰 위안이 되었다.

780

gallery
[gǽləri]

명 미술관
- the National Gallery 국립 미술관
- She works in an art gallery. 그녀는 미술관에서 일한다.

108

Review Check 26

A. 다음 낱말의 우리말 뜻을 쓰시오.

1. celebrate _____
2. abroad _____
3. cotton _____
4. pond _____
5. delight _____
6. classic _____

7. sum _____
8. capital _____
9. raw _____
10. straw _____
11. tire _____
12. bowl _____

B. 우리말과 같은 뜻의 영어 낱말을 쓰시오.

1. 동쪽의 _____
2. 지하 _____
3. 토대 _____
4. 미술관 _____
5. 상태 _____
6. 꽉 조여 있는 _____

7. 정신 _____
8. 금으로 만든 _____
9. 충격 _____
10. 이상한 _____
11. 두꺼운 _____
12. 위로 _____

C. 다음 우리말과 뜻이 같도록 문장을 완성하시오.

1. 그 남자는 배의 선장이다.
   = The man is the _____ of the ship.
2. 그는 크리스마스 선물들을 포장하면서 저녁 시간을 보냈다.
   = He spent the evening _____ up the Christmas presents.
3. 싸우는 소리가 어디에서 들리나요?
   = Where are the sounds of _____?
4. 그들은 아침에 샤워를 한다.
   = They have a _____ in the morning.
5. 나는 소시지를 먹고 싶다.
   = I want to eat the _____.
6. 눈이 두껍게 쌓여있다.
   = Snow lay _____ on the ground.

Day 027

● **Preview Check** 오늘 학습할 낱말입니다. 이미 자신이 알고 있는 낱말에 ✔해 봅시다.

☐ inform	☐ rapid	☐ fight	☐ spell	☐ lost
☐ primary	☐ shade	☐ grey	☐ wheel	☐ poison
☐ select	☐ smoke	☐ warn	☐ passage	☐ seed
☐ silly	☐ volume	☐ option	☐ root	☐ shy
☐ theme	☐ lay	☐ release	☐ shake	☐ target
☐ information	☐ grateful	☐ wedding	☐ still	☐ cinema

Basic

781

inform
[infɔ́:rm]

동 알리다, 통지하다
● Please inform me where to get the tickets.
어디서 차표를 사는지 나에게 알려 주십시오.

782

information
[ìnfərméiʃən]

명 정보
● A dictionary gives information about words.
사전은 낱말에 관한 정보를 제공한다.

783

lay
[lei]

동 laid - laid ① 놓다, 두다 ② 알을 낳다
● Hens lay eggs. 암탉들은 알을 낳는다.

784

option
[ápʃən]

명 선택
● He had no option but to agree. 그는 동의할 수밖에 없었다.

785

passage
[pǽsidʒ]

명 ① 통로, 복도 ② (글의) 구절
● No passage this way. 이 길은 통행금지.

786

poison
[pɔ́izn]

명 독, 독약
● This snake has a deadly poison. 이 뱀은 치명적인 독이 있다.

787

primary
[práimeri]

형 ① 주요한 ② 초급의
● His primary reason for going was to see her.
그가 가는 주요한 이유는 그녀를 만나기 위함이었다.

788

rapid
[rǽpid]

형 빠른 → rapidly 분 빨리
● The disease is spreading at a rapid rate.
그 질병은 빠른 속도로 퍼지고 있다.

Intermediate

789

grateful
[gréitfəl]

형 감사하는, 고맙게 여기는
- I am grateful for your kindness.
  저는 당신의 친절에 감사드립니다.

790

release
[rilíːs]

동 ① 풀어 주다 ② 개봉하다　명 풀어 줌, 개봉
- They will release the last prisoners.
  그들은 최후의 포로들을 석방할 것이다.

791

root
[ruːt]

명 뿌리　동 뿌리를 내리다
- Tree roots can cause damage to buildings.
  나무 뿌리가 건물에 해를 줄 수도 있다.

792

seed
[siːd]

명 씨　동 씨를 뿌리다
- Place the seeds two inches apart.
  그 씨를 2인치 간격으로 뿌리시오.

793

select
[silékt]

동 선택하다　형 엄선된　→ selection 명 선발
- Only a select few have been invited to the wedding.
  엄선된 소수만이 그 결혼식에 초대되었다.

794

shade
[ʃeid]

명 그늘　동 그늘지게 하다
- The tree makes a pleasant shade.
  그 나무는 시원한 그늘을 짓는다.

795

fight
[fait]

동 fought - fought 싸우다　명 싸움
- Two boys are fighting in the park.　두 소년이 공원에서 싸운다.

796

wedding
[wédiŋ]

명 결혼　형 결혼의
- She looked beautiful on her wedding day.
  그녀는 결혼식 날 아름다워 보였다.
- a wedding invitation　결혼 청첩장

797

shake
[ʃeik]

동 shook - shaken 흔들다
- I shook a can of juice.　나는 주스 캔을 흔들었다.
  *shake hands with ~와 악수하다

798

shy
[ʃai]

형 부끄러워하는, 소심한
- He is not shy with women.
  그는 여자와 만나는 것을 수줍어하지 않는다.

799

silly
[síli]

형 어리석은　명 바보
- You were very silly to trust him.
  그 사람을 믿다니 너는 꽤 어리석었다.

111

Advanced

800

smoke
[smouk]

명 연기 동 담배를 피우다
- He was smoking a large cigar.
  그는 커다란 시가를 피우고 있었다.

801

grey
[grei]

명 회색 형 회색의, 머리가 센 동 gray
- He's going grey. 그는 머리가 희끗희끗해지기 시작한다.

802

spell
[spel]

동 spelt - spelt 철자를 말하다(쓰다) → spelling 명 철자
- How do you spell the word? 그 단어의 철자는 어떻게 되나요?
- Learn to spell correctly. 철자를 바르게 쓰도록 공부하시오.

803

still
[stil]

부 ① 아직도 ② 그럼에도 불구하고 ③ 훨씬 형 고요한, 정지한
- He is still asleep. 그는 아직도 잠자고 있다.
- The next day was still warmer. 그 다음날은 훨씬 더 따뜻했다.

804

target
[tá:rgit]

명 대상 동 목표로 삼다
- a target for criticism 비판의 대상
- The missiles were targeted at the United States.
  그 미사일은 미국을 겨냥하고 있었다.

805

theme
[θi:m]

명 주제
- What is the theme of this year's festival?
  올해 페스티벌의 주제가 무엇인가요?

806

volume
[válju:m]

명 ① 용량 ② 권, 책 ③ 음량, 볼륨
- This work has grown in volume recently.
  이 일은 최근에 양이 늘었다.

807

warn
[wɔ:rn]

동 경고하다 → warning 명 경고문
- I warn you that it is dangerous.
  내가 너에게 경고하지만 그것은 위험하다.

808

wheel
[hwi:l]

명 바퀴, (차의) 핸들 동 끌다
- She wheeled her bicycle across the road.
  그녀는 자전거를 타고 길을 건너갔다.

809

lost
[lɔ:st]

형 ① 길을 잃은 ② 잃어버린, 분실된
- How many people lost their homes?
  몇 사람이나 집을 잃게 되었는데요?
- lost and found 분실물 취급소

810

cinema
[sínəmə]

명 영화, 영화관
- go to the cinema 영화를 보러가다

Review Check 27

A. 다음 낱말의 우리말 뜻을 쓰시오.

1. smoke _____
2. lost _____
3. seed _____
4. passage _____
5. warn _____

6. grateful _____
7. theme _____
8. inform _____
9. release _____
10. lay _____

B. 우리말과 같은 뜻의 영어 낱말을 쓰시오.

1. 수줍은 _____
2. 그늘 _____
3. 빠른 _____
4. 선택하다 _____
5. 바퀴 _____
6. 독약 _____
7. 회색 _____

8. 정보 _____
9. 결혼 _____
10. 선택 _____
11. 여전히 _____
12. 용량 _____
13. 싸우다 _____
14. 흔들다 _____

C. 다음 우리말과 뜻이 같도록 문장을 완성하시오.

1. 그건 어리석은 짓이었어!

   = That was a _____ thing to do!

2. 그 신설 스포츠 단지는 6월 개장을 목표로 하고 있다.

   = The new sports complex is on _____ to open in June.

3. 나는 그 식물을 뿌리째 뽑았다.

   = I pulled the plant up by the _____.

4. 우리의 주된 관심사는 아이들이어야 한다.

   = Our _____ concern must be the children.

5. 당신은 제 이름을 잘못 썼어요.

   = You've _____ my name wrong.

6. 나는 항상 영화 공부를 원했다.

   = I always wanted to study _____.

Day 028

● **Preview Check** 오늘 학습할 낱말입니다. 이미 자신이 알고 있는 낱말에 ✔해 봅시다.

☐ mark	☐ hero	☐ pilot	☐ flood	☐ fur
☐ lazy	☐ complain	☐ soldier	☐ score	☐ tradition
☐ flash	☐ mysterious	☐ shout	☐ less	☐ brave
☐ symbol	☐ independence	☐ sample	☐ burn	☐ vehicle
☐ vote	☐ hunt	☐ stamp	☐ factory	☐ afterward
☐ focus	☐ joke	☐ muddy	☐ adventure	☐ melt

수능 출제 랭킹

Basic

811

mark
[mɑːrk]

동 표시하다 명 ① 표시, 자국 ② 점수
● Kevin got good marks in all subjects.
Kevin은 모든 과목에서 좋은 **점수**를 받았다.

812

focus
[fóukəs]

동 집중하다 명 초점
● Try and focus your mind on your lessons.
학과에 주의를 **집중시키도록** 힘쓰시오.

813

hunt
[hʌnt]

동 사냥하다 → hunter 명 사냥꾼
● We are going to hunt deer. 우리는 사슴을 **사냥할** 예정이다.

814

sample
[sǽmpl]

명 표본
● a sample copy 서적의 견본

815

less
[les]

형 보다 적은 → lessen 동 줄다
● Less noise, please! 좀 더 조용히 하시오!

816

tradition
[trədíʃən]

명 전통 → traditional 형 전통적인
● This company has a long tradition.
이 회사는 오랜 **전통**을 가지고 있습니다.

817

lazy
[léizi]

형 게으른
● I was very lazy these days. 나는 요즈음 너무 **게을렀다.**

818

hero
[híərou]

명 영웅 반 heroine 여걸, 여주인공
● People welcomed the Olympic heroes.
사람들은 올림픽 **영웅들을** 환영했다.

Intermediate

819

joke
[dʒouk]

명 농담
- Nobody laughed at his joke. 아무도 그의 **농담**에 웃지 않았다.

820

stamp
[stæmp]

명 ① 우표 ② 도장
- I put a stamp on my letter. 나는 나의 편지에 **우표**를 붙였다.

821

burn
[bəːrn]

동 burnt - burnt **타다, 불태우다**
- Fires were burning all over the mountain.
  온 산에서 불길이 **타오르고** 있었다.

822

brave
[breiv]

형 용감한 → bravery 명 용감
- You are brave to do that. 그것을 하다니 너는 **용감하다**.

823

flash
[flæʃ]

동 번쩍이다 명 번쩍임
- Lightning flashed in the sky. 하늘에서 번갯불이 **번쩍였다**.

824

complain
[kəmpléin]

동 불평하다 → complaint 명 불평
- What do you always complain about?
  너희들은 항상 무슨 **불평**을 하니?

825

pilot
[páilət]

명 조종사
- She was the first female pilot in Korea.
  그녀는 한국의 최초 여성 **조종사**였다.

826

muddy
[mʌ́di]

형 진흙투성이인, 흙탕물의 → mud 명 진흙
- The river turned muddy after the rain.
  비가 와서 강이 **흙탕물**로 변했다.

827

factory
[fǽktəri]

명 공장
- The factory has its own generating plant.
  그 공장은 자가 발전 설비를 갖추고 있다
- an iron factory 철공소

828

vehicle
[víːikl]

명 ① 탈것 ② 매개물, 전달 수단
- Music can be a vehicle for ideas.
  음악은 사상의 전달 수단이 될 수 있다.

829

symbol
[símbəl]

명 상징(물), 기호
- The president is the symbol of the country.
  대통령은 그 나라의 **상징**이다.

Advanced

830
mysterious
[mistíəriəs]

형 신비한 → mystery 명 불가사의
- A mysterious woman lives next door.
  신비스러운 여자가 옆집에 살고 있다.

831
soldier
[sóuldʒər]

명 군인, 병사
- The soldiers marched past.
  군인이 행진하여 지나갔다.

832
flood
[flʌd]

명 홍수 동 침수하다
- There was a big flood in Japan. 일본에 대홍수가 있었다.

833
adventure
[ædvéntʃər]

명 모험
- He is fond of adventure. 그는 모험을 좋아한다.
- a spirit of adventure 모험심

834
afterward
[ǽftərwərd]

부 후에
- two months afterward 두 달 후에
- We'd rather tell you afterward, if you don't mind.
  너만 괜찮다면 나중에 말해줄게.

835
vote
[vout]

동 투표하다 명 투표
- Everyone has a legal right to vote.
  모든 사람은 투표할 수 있는 법적인 권리가 있다.

836
independence
[ìndipéndəns]

명 독립 → independent 형 독립적인
- She took part in the March 1st Movement for Korea's independence.
  그녀는 한국의 독립을 위한 삼일 운동에 참여했다.

837
shout
[ʃaut]

동 외치다
- He suddenly shouted at me. 그는 나에게 갑자기 소리를 질렀다.

838
score
[skɔ:r]

명 득점, 점수 동 득점하다
- The score was four to three. 점수는 4대 3이었다.

839
fur
[fə:r]

명 털, 모피
- The cat has gray fur. 그 고양이는 회색 털이다.

840
melt
[melt]

동 melted - melted 녹다
- The snowman melted in the sun. 그 눈사람은 햇볕에 녹았다.

A. 다음 낱말의 우리말 뜻을 쓰시오.

1. muddy   _____
2. tradition   _____
3. brave   _____
4. symbol   _____
5. independence   _____
6. sample   _____
7. hunt   _____

8. less   _____
9. complain   _____
10. burn   _____
11. focus   _____
12. melt   _____
13. mysterious   _____
14. shout   _____

B. 우리말과 같은 뜻의 영어 낱말을 쓰시오.

1. 탈것   _____
2. 우표   _____
3. 모험   _____
4. 공장   _____
5. 후에   _____
6. 게으른   _____

7. 영웅   _____
8. 번쩍이다   _____
9. 조종사   _____
10. 모피   _____
11. 투표하다   _____
12. 득점   _____

C. 다음 우리말과 뜻이 같도록 문장을 완성하시오.

1. 나는 군인이 되긴 싫어.

= I don't want to be a _____.

2. 홍수가 많은 집을 휩쓸어갔다.

= The _____ washed many houses away.

3. 그는 진담처럼 농담을 한다.

= He tells a _____ like a truth.

4. 나는 시험에서 만점을 받았다.

= I got full _____ in the test.

Day 029

● **Preview Check** 오늘 학습할 낱말입니다. 이미 자신이 알고 있는 낱말에 ✔해 봅시다.

☐ lower	☐ paste	☐ dig	☐ journey	☐ anybody
☐ deaf	☐ bend	☐ instant	☐ resist	☐ crazy
☐ feed	☐ gentle	☐ quarter	☐ conduct	☐ apart
☐ frame	☐ pound	☐ cancel	☐ female	☐ fortune
☐ pardon	☐ awake	☐ tap	☐ elder	☐ nest
☐ newspaper	☐ pretend	☐ dust	☐ mad	☐ scare

수능 출제 랭킹 **Basic**

841

lower
[lóuər]

형 더 낮은[아래] 쪽의
● the lower lip 아랫 입술

842

newspaper
[nuːzpéipər]

명 신문
● a daily newspaper 일간 신문

843

awake
[əwéik]

형 깨어 있는 동 깨다
● Everything is awake from a long winter sleep.
만물이 긴 겨울잠에서 깨어나고 있다.

844

cancel
[kǽnsəl]

동 취소하다
● Is it too late to cancel my order?
제가 주문을 취소하기에 너무 늦었나요?

845

conduct
[kándʌkt]

동 ① 행하다 ② 안내하다 ③ 지휘하다 명 행동
● He conducted his business carelessly.
그는 업무를 부주의하게 처리했다.

846

crazy
[kréizi]

형 정상이 아닌, 미친
● The noise is driving me crazy. 소음 때문에 미칠 것 같다.

847

deaf
[def]

형 청각 장애가 있는 명 청각 장애인
● He is deaf of an ear. 한쪽 귀가 들리지 않는다.

848

paste
[peist]

명 ① 풀 ② 반죽 동 풀로 붙이다
● She mixed the flour and water to a smooth paste.
그녀는 밀가루와 물을 골고루 섞어 반죽을 만들었다.

849
pretend
[priténd]

통 ~인 척하다
● She pretended not to know me. 그녀는 나를 모른 체했다.

850
tap
[tæp]

통 톡톡 두드리다 명 수도꼭지
● Someone tapped at the door. 누군가가 문을 똑똑 두드렸다.

851
female
[fíːmeil]

형 여성의, 암컷의 반 male
● a female dress 여성복

852
apart
[əpáːrt]

부 떨어져
● They live apart. 그들은 따로 살고 있다.
● I can't tell the twins apart. 나는 그 쌍둥이를 따로 구별 못 하겠다.

853
feed
[fiːd]

통 fed - fed 음식을 먹이다, 먹이를 주다
● She is feeding her baby with a spoon.
그녀는 자신의 아기에게 숟가락으로 음식을 먹이고 있다.

854
bend
[bend]

통 bent - bent 굽히다, 구부리다
● He is bent with age. 그는 나이가 들어 허리가 굽었다.

856
dig
[dig]

통 dug - dug 파다
● dig a hole 구멍을 파다

856
dust
[dʌst]

명 먼지 통 먼지를 털다
● She was dusting the chairs. 의자의 먼지를 털고 있었다.

857
elder
[éldər]

형 손위의, 연장의
● my elder brother 우리 형

858
fortune
[fɔ́ːrtʃən]

명 운, 재산
● have good fortune 운이 좋다
● He made a fortune in real estate.
그는 부동산으로 재산을 모았다.

859
frame
[freim]

명 틀 통 테를 두르다
● a window frame 창틀
● Her blonde hair framed her face.
그녀는 금발 머리가 얼굴을 테처럼 두르고 있었다.

860

gentle
[dʒéntl]

형 온화한
● He is gentle with children. 그는 아이들에게 다정하다.

861

instant
[ínstənt]

형 즉각적인 → instantly 부 즉각
● At that instant the bell rang. 마침 그때 벨이 울렸다.

862

journey
[dʒə́:rni]

명 여행
● a journey into the country 시골 여행

863

mad
[mæd]

형 미친 → madly 부 미친 듯이
● He must be mad to do such a thing.
그가 그런 짓을 하다니 머리가 돈 것이 틀림없다.

864

nest
[nest]

명 둥지 동 둥지를 틀다
● My hair looks like a bird's nest.
나의 머리카락이 새의 둥지처럼 보여.

865

pardon
[pá:rdn]

명 용서 동 ~을 용서하다
● Pardon me for interrupting you. 성가시게 해서 죄송합니다.

866

pound
[paund]

명 파운드 동 두드리다
● What would you do if you won a million pounds?
백만 파운드를 탄다면 너는 뭘 하겠니?

867

quarter
[kwɔ́:rtər]

명 ① 4분의 1 ② 15분
● It isn't the quarter yet. 아직 15분이 채 못 된다.
● It's a quarter to seven.
7시 15분 전이다.

868

resist
[rizíst]

동 ① 저항하다, 반대하다 ② 참다, 견디다 → resistance 명 저항
● He resisted the authority of the Court.
그는 법의 권위에 반항했다.

869

anybody
[énibàdi]

대 누구든지
● Anybody may go and see for himself.
누구라도 가서 자신이 직접 보고 와도 좋다.

870

scare
[skɛər]

동 겁먹게 하다 명 두려움 → scared 형 무서워하는
● It scared me to think I was alone in the building.
그 건물에 나 혼자 있다고 생각하니 겁이 났다.

A. 다음 낱말의 우리말 뜻을 쓰시오.

1. newspaper _____   8. tap _____
2. apart _____   9. conduct _____
3. pretend _____   10. nest _____
4. quarter _____   11. pardon _____
5. resist _____   12. journey _____
6. pound _____   13. female _____
7. anybody _____   14. elder _____

B. 우리말과 같은 뜻의 영어 낱말을 쓰시오.

1. 청각 장애인 _____   7. 음식을 먹이다 _____
2. 틀 _____   8. 깨어 있는 _____
3. 풀 _____   9. 취소하다 _____
4. 더 낮은 _____   10. 미친 _____
5. 정상이 아닌 _____   11. 먼지 _____
6. 운, 재산 _____   12. 파다 _____

C. 다음 우리말과 뜻이 같도록 문장을 완성하시오.

1. 그가 고개를 숙여 그녀에게 입을 맞추었다.
   = He _____ his head and kissed her.
2. 미안, 겁주려던 건 아니었어.
   = I'm sorry, I didn't mean to _____ you.
3. 그 쇼는 즉각 성공을 거두었다.
   = The show was an _____ success.
4. 그는 보기엔 무섭지만 덩치만 크지 정말 순해.
   = He looks scary but he's really a _____ giant.

Day 030

● **Preview Check** 오늘 학습할 낱말입니다. 이미 자신이 알고 있는 낱말에 ✓해 봅시다.

☐ sore	☐ mix	☐ garbage	☐ bury	☐ nickname
☐ crash	☐ stick	☐ machine	☐ final	☐ amazing
☐ dessert	☐ coach	☐ perfect	☐ bakery	☐ entertain
☐ magazine	☐ everyday	☐ string	☐ rub	☐ astronaut
☐ wing	☐ driver	☐ prison	☐ giant	☐ war
☐ sour	☐ sauce	☐ freeze	☐ exit	☐ cartoon

Basic

871

sore
[sɔːr]

형 ① 아픈 ② 화난 명 상처
● My stomach is still sore after the operation.
그 수술을 받은 후에 나는 아직도 배가 **아프다**.

872

sour
[sauər]

형 시큼한, 신
● This apple tastes a little sour. 이 사과는 좀 시다.

873

driver
[dráivər]

명 운전자 → drive 동 운전하다
● She climbed into the driver's seat. 그녀가 운전석에 올라탔다.

874

war
[wɔːr]

명 전쟁
● War often breaks out without warning.
전쟁은 흔히 경고 없이 발발한다.

875

bakery
[béikəri]

명 빵집
● The bakery is behind the bank. 그 빵집은 은행 뒤에 있어.

876

amazing
[əméiziŋ]

형 매우 놀라운 → amaze 동 놀라게 하다
● His art work is just amazing! 그의 예술 작품은 실로 **놀랍다**!

877

everyday
[évridei]

형 일상의, 매일의
● everyday life 일상 생활

878

mix
[miks]

동 섞다 동 blend
● I mixed milk and banana. 나는 우유와 바나나를 섞었다.

879
sauce
[sɔːs]

몡 양념
- My homemade sauce is very delicious.
  내가 집에서 만든 양념은 매우 맛이 있다.

880
prison
[prízn]

몡 감옥 → prisoner 몡 죄수
- He spent 5 years in prison. 그는 감옥에서 5년을 보냈다.

881
rub
[rʌb]

통 문지르다 몡 문지르기 → rubber 몡 고무
- I rubbed my hands on the towel. 나는 수건으로 손을 닦았다.

882
entertain
[éntərtèin]

통 즐겁게 해 주다 → entertainer 몡 연예인, entertainment
몡 오락
- It is hard to entertain people. 사람들을 즐겁게 하는 것은 어렵다.

883
dessert
[dizə́ːrt]

몡 디저트, 후식
- serve dessert 디저트를 내놓는다

884
stick
[stik]

통 stuck - stuck ① 찌르다 ② 붙이다 몡 막대기
- He stuck an apple on his fork. 포크로 사과를 찍었다.

885
garbage
[gáːrbidʒ]

몡 쓰레기
- Don't forget to take out the garbage.
  쓰레기 내다 놓는 거 잊지 마.

886
freeze
[friːz]

통 froze - frozen 얼음이 얼다, 춥다
- It froze hard last night. 어젯밤은 몹시 추웠다.

887
giant
[dʒáiənt]

몡 거인 톙 거대한
- He's a giant of a man. 그는 거인 같은 남자이다.

888
astronaut
[ǽstrənɔ̀ːt]

몡 우주 비행사
- My astronaut training starts in two days.
  나의 우주 비행사 훈련이 이틀 뒤에 시작돼.

889
magazine
[mægəzíːn]

몡 잡지
- a monthly magazine 월간 잡지

Advanced

890
coach
[koutʃ]

명 코치, 감독
- Italy's national coach 이탈리아 국가 대표팀 코치

891
machine
[məʃíːn]

명 기계
- a washing machine 세탁기

892
bury
[béri]

동 buried - buried 묻다
- bury treasure 보물을 파묻다

893
exit
[égzit]

명 출구
- Where's the exit? 출구가 어디예요?
- an exit poll 출구 조사

894
string
[striŋ]

명 끈, 줄 동 묶다
- I tied the box with string.
  나는 상자를 끈으로 묶었다.

895
wing
[wiŋ]

명 날개
- untried wings 아직 날아 본 일이 없는 날개

896
crash
[kræʃ]

동 충돌하다 명 충돌, 추락
- All people were killed in the plane crash.
  비행기 추락으로 모든 사람들이 죽었다.

897
perfect
[pə́ːrfikt]

형 완벽한
- Practice makes perfet. 연습하면 완전해진다.

898
final
[fáinl]

형 마지막의 → finally 부 마침내
- a final judgment 최종 판결

899
nickname
[níknèim]

명 별명
- He was nicknamed "Ed." 그는 「Ed」라는 애칭으로 불렸다.

900
cartoon
[kɑːrtúːn]

명 만화 → cartoonist 명 만화가
- a cartoon character 만화 영화 캐릭터

Review Check 30

A. 다음 낱말의 우리말 뜻을 쓰시오.

1. string _____
2. garbage _____
3. freeze _____
4. giant _____
5. amazing _____
6. cartoon _____

7. sour _____
8. crash _____
9. stick _____
10. sauce _____
11. machine _____
12. exit _____

B. 우리말과 같은 뜻의 영어 낱말을 쓰시오.

1. 빵집 _____
2. 디저트 _____
3. 코치 _____
4. 날개 _____
5. 완벽한 _____
6. 별명 _____

7. 운전자 _____
8. 우주 비행사 _____
9. 묻다 _____
10. 전쟁 _____
11. 일상의 _____
12. 마지막의 _____

C. 다음 우리말과 뜻이 같도록 문장을 완성하시오.

1. 나는 목이 정말 아파.
   = I have a really _____ throat.
2. 동물들이 그 나무에 대고 몸을 비비고 있었다.
   = Animals were _____ against the trees.
3. 물과 기름은 섞이지 않는다.
   = Oil and water do not _____.
4. 제게 그 잡지를 갖다 주세요.
   = Bring me the _____.
5. 그의 행동으로 그는 감옥으로 가게 될 것이다.
   = His behavior will lead him to the _____.
6. 그는 사람들을 즐겁게 하는 방법을 알고 있어!
   = He knows how to _____ people!

Answer Key

Review Check 01

A 1. ~을 통해 2. ~이래로 3. 이상한 4. 경쟁
5. 음악가 6. 일부 7. 제복 8. 자신의
9. 연주회 10. ~하는 동안
B 1. history 2. see 3. ship 4. chance
5. grass 6. course 7. pure 8. twin
9. without 10. found 11. bold 12. cage
13. fix 14. quick
C 1. such 2. however 3. middle 4. shelter
5. boring 6. square

Review Check 02

A 1. 인간(의) 2. 사업 3. 독특한 4. 기금, 기금을
대다 5. 뚱뚱한 6. 언어 7. 웃기는, 만화
8. 어떤 사람 9. 계좌, 설명 10. 서서히
11. 옛날의, 전자 12. 일어나다 13. 모든 것
14. 당황스럽게 만들다
B 1. experience 2. bow 3. cave 4. yet
5. church 6. spoil 7. special 8. feather
9. loud 10. order 11. hate 12. ring
C 1. wet 2. decorate 3. invite 4. Instead

Review Check 03

A 1. 감염 2. 진짜의 3. 참기하다 4. 수업, 과
5. 거친 6. 또 다른 7. 사회의 8. 이동하다
9. 위험, 위태롭게 하다 10. 키가 큰
B 1. rate 2. wash 3. mind 4. breakfast
5. throw 6. parents 7. idiom 8. private
9. pole 10. situation 11. chicken 12. thing
13. rice 14. set 15. rather 16. official
C 1. several 2. possible 3. harmony
4. method

Review Check 04

A 1. 결과 2. 냄새가 나다 3. 간단한 4. 전체의
5. 비록 ~이지만 6. 두려워하는 7. 요리사
8. 잠깐 9. 언젠가 10. 집단, 부족 11. 디자이너
12. 휴대 전화 13. 이기다, 울림 14. 대학교
B 1. chair 2. ever 3. sugar 4. funny
5. empty 6. stock 7. care 8. cook
9. reason 10. sing 11. steel 12. truth
C 1. twisted 2. popular 3. west 4. least

Review Check 05

A 1. 군대 2. 사과 3. 장점, 이점 4. 이내에

5. 구성 단위 6. 사회 7. 세금, 세금을 부과
하다 8. 힘 9. 부드러운 10. 행동 11. 대중의
12. 값 13. ~처럼 보이다 14. 공평성, 정의
B 1. trade 2. breathe 3. campaign 4. pull
5. dirty 6. bear 7. amount 8. gold 9. kid
10. moon
C 1. refused 2. field 3. Channel 4. Teen
5. report 6. whole

Review Check 06

A 1. 신용 거래 2. 대학 3. 공간 4. 지붕 5. 일 6.
극도의, 극단 7. 최저의 8. 원인 9. 화학의, 화
학 물질 10. 지역 11. 밀다 12. 튀기다 13. 분수
14. 상의
B 1. control 2. escape 3. service 4. greet
5. leg 6. ear 7. serious 8. imagine
9. cheat 10. bridge 11. cry 12. lean
C 1. quite 2. chief 3. common 4. hurricane

Review Check 07

A 1. 과정 2. 기간 3. 항구 4. 배, 위 5. 유형
6. 비명, 비명을 지르다 7. 조각 8. 제도, 체제
9. 설득하다 10. 현실적인 11. 현지의, 지역의
12. 화장실
B 1. monster 2. behind 3. slip 4. sense
5. modern 6. bicycle 7. angel
8. mission 9. bread 10. cap 11. pants
12. toward
C 1. surface 2. role 3. count 4. native
5. bumped 6. sneakers

Review Check 08

A 1. 시력 2. 중대한 3. 비극 4. 거의 5. 신호
6. 공손한 7. 정직한 8. 신체의, 물질의 9. 깨
다 10. 칠하다 11. 가치 12. 지도 13. 무서움,
무서워하다 14. 제안하다, 주다
B 1. bit 2. transfer 3. code 4. delicious
5. spill 6. thus 7. whistle 8. provide
9. environment 10. cute 11. textbook
12. vivid
C 1. fault 2. brain 3. voluntary 4. against

Review Check 09

A 1. 세기 2. 언젠가 3. 성공한 4. 재능 5. 어깨
6. 선택 7. 유형 8. 상 9. 뱀 10. 마지막의
B 1. success 2. treasure 3. illustrate

4. spin 5. anxiety 6. nature 7. ant
8. civil 9. dive 10. product 11. million
12. fee 13. export 14. intend
C 1. item 2. scared 3. growth 4. exchange
5. cart 6. tip

Review Check 10
A 1. 요즘은 2. 평균(의) 3. 국제적인 4. 돌아오
다 5. 물보라 6. 비록 ~이긴 하지만 7. 문화
8. 모양 9. 교통 10. 함께 쓰다 11. 비슷한 12.
과학자
B 1. trouble 2. tend 3. cow 4. president
5. corn 6. ground 7. animation 8. doll
9. identify 10. fan 11. queen 12. hatch
C 1. anytime 2. bill 3. announcer 4. extra
5. surprising 6. saved

Review Check 11
A 1. ~을 더 좋아하다 2. 접시 3. 해결책
4. 생산하다 5. 언덕 6. 바구니 7. 충고
8. 창의적인 9. 잠시 멈추다 10. 발달하다
11. 결정하다 12. 값이 싼
B 1. loss 2. solve 3. view 4. hug 5. recent
6. hide 7. various 8. finger 9. insect
10. level 11. quality 12. notice
C 1. foreign 2. created 3. led 4. realize
5. cloud 6. nurse

Review Check 12
A 1. 열 2. 개선되다 3. 필요한 4. 사건 5. 접시
6. 받아들이다 7. 거대한 8. 건강한 9. 흥미,
관심 10. 고려하다
B 1. positive 2. perhaps 3. leaf 4. repeat
5. alone 6. safely 7. step 8. safe
9. stairs 10. fashion 11. contest
12. unfortunately 13. aunt 14. sale
C 1. regular 2. forward 3. negative
4. gentleman 5. accident
6. temperature

Review Check 13
A 1. 단계 2. 자석 3. 솔 4. 계획, 계획하다
5. 보호하다 6. 속도 7. 증거 8. 취미 9. 이 10.
경찰 11. 고대의 12. 아픔 13. 식사 14. 끔찍한
B 1. wonder 2. death 3. deer 4. cell
5. reach 6. affect 7. taste 8. single 9.

frog 10. safety
C 1. forced 2. position 3. expected
4. alarm 5. fall / autumm 6. skin

Review Check 14
A 1. 표현하다, 급행의 2. 더 나쁜 3. 단추
4. 마을 5. 불안해하는 6. 악센트, 강조하다
7. 들어올리다 8. 주인, ~에 숙달하다
9. 치과 의사 10. 성인, 성인의
B 1. festival 2. disease 3. rise 4. allow
5. chest 6. thirsty 7. comfortable
8. except 9. bath 10. ocean
11. experiment 12. bottom 13. handsome
14. flag
C 1. destroying 2. dead 3. main 4. skirt
5. toured 6. prepare

Review Check 15
A 1. 규정식 2. 수색, 찾다 3. 범위 4. 실패하다,
불합격 5. 못생긴 6. 챔피언 7. 일정 8. 야생의
9. 설명하다 10. 본문, 문자를 보내다
B 1. sudden 2. fool 3. theater 4. calendar
5. rainbow 6. powerful 7. birth 8. glove
9. achieve 10. umbrella 11. relation
12. towel 13. avoid 14. encourage
15. waste 16. career
C 1. condition 2. beauty 3. match 4. rules

Review Check 16
A 1. 야채 2. 부문 3. 손해, 손해를 입히다
4. 너머, ~ 이상 5. 남다 6. 방향 7. 소풍
8. 물건, 반대하다 9. 비밀의, 비밀
10. 집세, 세내다 11. 직행의, 지시하다
12. 복사, 복사하다 13. 사라지다 14. 결심한
B 1. worth 2. anger 3. reduce 4. prevent
5. zero 6. prince 7. race 8. grade
9. soil 10. mistake 11. soccer
12. photograph
C 1. habit 2. served 3. law 4. purposes

Review Check 17
A 1. 제안하다 2. 재료 3. 화면, 가리다
4. 정장, 맞다 5. 구조 6. 아주 작은 7. 인쇄하
다 8. 이웃 사람 9. 침착하다 10. 펼치다, 확산
11. 시달리다 12. 일반적인
B 1. attractive 2. package 3. perform

4. prize 5. luck 6. apply 7. metal
8. progress 9. respect 10. active
11. promise 12. nobody 13. pollute
14. memory
C 1. record 2. site 3. clerk 4. subject

Review Check 18

A 1. 세부 사항 2. 속상하게 만들다, 속상한 3.
중요한 4. 신뢰, 신뢰하다 5. 유용한, 도움이
되는 6. 맞은편의, 반대 7. 생각하다 8. 같은,
평등한 9. 책임지고 있는 10. 근육 11. 눕다
12. 알약
B 1. hardly 2. survive 3. character
4. neither 5. worst 6. bark 7. fit 8. flow
9. pattern 10. proud 11. sand
12. danger
C 1. oil 2. normal 3. gain 4. route
5. storm 6. member

Review Check 19

A 1. 풍요 2. 조사, 살피다 3. 굶주림, 배고픔 4.
수리하다, 수리 5. 힘든 6. 공급, 공급하다 7.
답사하다, 탐구하다 8. 연민, 유감
9. 다루다, 치료하다 10. 균형
B 1. tongue 2. series 3. respond
4. valuable 5. novel 6. source
7. sunlight 8. communicate 9. familiar
10. scale 11. bet 12. fair 13. track
14. tongue
C 1. topic 2. proper 3. path 4. borrowed
5. dictionary 6. attend

Review Check 20

A 1. 신호 2. 암 3. 현명한 4. 자유 5. 밧줄, 묶다
6. 높이 7. 싸다, 포장 꾸러미 8. 은, 은색의
9. 배달 10. 국가의 11. 끈 12. 목
B 1. enemy 2. narrow 3. ignore 4. attack
5. prove 6. hole 7. edge 8. recipe
9. behave 10. instruct 11. hang
12. judge
C 1. streamed 2. breath 3. entered
4. peace 5. grain 6. blind

Review Check 21

A 1. 요구하다 2. 물다, 물기 3. 분리된, 분리되
다 4. 악어 5. 시인 6. 동반자, 파트너가 되다

7. 도전, 도전하다 8. 낙천주의자 9. 마당 10.
비추다
B 1. press 2. typical 3. proof 4. remove
5. actually 6. playground 7. message
8. poem 9. difficulty 10. handle
11. nation 12. wave 13. aid 14. leader
15. wooden 16. lovely
C 1. tower 2. coin 3. regret 4. beside

Review Check 22

A 1. 해안 2. 젊음 3. 잡담하다 4. 괴롭히다
5. 사슴, 묶다 6. 환상적인 7. 기능, 기능하다
8. 외모 9. 조용한 10. 시력, 11. 폭력적인
12. 맵시 좋은, 똑똑한 13. 들어 올리다; 승강
기 14. 소개하다
B 1. usual 2. tool 3. succeed 4. patient
5. climb 6. pace 7. net 8. fabric
9. journal 10. crowded
C 1. courage 2. exact 3. faucet 4. asleep
5. skill 6. cheered

Review Check 23

A 1. 연상의, 손윗사람 2. 열정 3. 줄, 노를 젓
다 4. 실제의 5. 천국 6. 정신 7. 요청, 요청하
다 8. 제국 9. 동기를 부여하다 10. 살아 있는
11. 가동하다, 수술하다 12. 껍질
B 1. scene 2. upper 3. praise 4. harm
5. wealth 6. pot 7. note 8. host
9. mention 10. task 11. title 12. lend
13. guide 14. shore
C 1. rubber 2. impression 3. brief
4. wound

Review Check 24

A 1. 연료 2. 배우 3. 의견 4. 비단
5. 회오리바람 6. 활동 7. 대답하다; 대답
8. 어떤 사람 9. 철사, 전선 10. 천막, 텐트
B 1. react 2. creature 3. blame 4. discuss
5. link 6. soap 7. concern 8. stupid
9. tail 10. shine 11. block 12. god
C 1. thumb 2. spicy 3. argument
4. rushed 5. overcame 6. argue
7. Blend

Review Check 25

A 1. 감정 2. 선반 3. 곱슬곱슬하다 4. 밀가루

5. 연세가 드신 6. 중요한 7. 무덤 8. 행성
9. 마지막의 10. 나침반 11. 뼈 12. 시끄러운
13. 친척 14. 날카로운
B 1. anywhere 2. royal 3. valley
4. postcard 5. curious 6. manner
7. sensitive 8. gather 9. thief
10. cafeteria
C 1. bored 2. collect 3. male 4. billions
5. belongs 6. guards

Review Check 26

A 1. 기념하다 2. 해외에서 3. 무명 4. 연못
5. 기쁨, 기쁨을 주다 6. 고전의 7. 합계
8. 수도 9. 익히지 않은 10. 짚 11. 피곤하게
하다 12. 사발
B 1. eastern 2. underground 3. base
4. gallery 5. state 6. tight 7. soul
8. golden 9. shock 10. odd 11. thick
12. comfort
C 1. captain 2. wrapping 3. battle
4. shower 5. sausage 6. thick

Review Check 27

A 1. 연기, 담배를 피우다 2. 길을 잃은
3. 씨, 씨를 뿌리다 4. 통로 5. 경고하다
6. 감사하는 7. 주제 8. 알리다
9. 풀어 주다, 풀어 줌 10. 놓다
B 1. shy 2. shade 3. rapid 4. select
5. wheel 6. poison 7. grey
8. information 9. wedding 10. option
11. still 12. volume 13. fight 14. shake
C 1. silly 2. target 3. roots 4. primary
5. spelt 6. cinema

Review Check 28

A 1. 진흙투성이인 2. 전통 3. 용감한 4. 상징
5. 독립 6. 표본 7. 사냥하다 8. 보다 적은
9. 불평하다 10. 불타다 11. 초점 12. 녹다 13.
불가사의한 14. 외치다
B 1. vehicle 2. stamp 3. adventure
4. factory 5. afterward 6. lazy 7. hero
8. flash 9. pilot 10. fur 11. vote 12. score
C 1. soldier 2. flood 3. joke 4. marks

Review Check 29

A 1. 신문 2. 떨어져 3. ~인 척하다 4. 4분의 1

5. 저항하다 6. 파운드, 두드리다 7. 누구든지
8. 톡톡 두드리다, 수도꼭지
9. ~을 행하다, 행동 10. 둥지 11. 용서, ~을
용서하다 12. 여행 13. 여성의 14. 손위의, 연
장의
B 1. deaf 2. frame 3. paste 4. lower
5. crazy 6. fortune 7. feed 8. awake
9. cancel 10. mad 11. dust 12. dig
C 1. bent 2. scare 3. instant 4. gentle

Review Check 30

A 1. 끈, 묶다 2. 쓰레기 3. 얼다 4. 거인, 거대
한 5. 놀라운 6. 만화 7. 시큼한, 신 8. 충돌하
다, 충돌 9. 찌르다, 막대기 10. 양념 11. 기계
12. 출구
B 1. bakery 2. dessert 3. coach 4. wing
5. perfect 6. nickname 7. driver
8. astronaut 9. bury 10. war
11. everyday 12. final
C 1. sore 2. rubbing 3. mix 4. magazine
5. prison 6. entertain

INDEX

brave	114	cell	54	comfortable	58
bread	30	cell phone	18	comic	10
breakfast	14	century	38	common	26
breath	82	chain	90	communicate	78
breathe	22	chair	18	compass	102
bridge	26	challenge	86	competition	6
brief	94	chance	6	complain	114
brush	54	channel	22	concern	98
bump	30	character	74	concert	6
burn	114	chat	90	condition	62
bury	122	cheap	46	conduct	118
business	10	cheat	26	consider	50
button	58	cheer	90	contact	62
		chef	18	contest	50
		chemical	26	control	26
C		chest	58	cook	18
		chicken	14	cook	38
cafeteria	102	chief	26	copy	66
cage	6	choice	38	corn	42
calendar	62	chore	26	cotton	106
calm	70	church	10	count	30
campaign	22	cinema	110	courage	90
cancel	118	civil	38	course	6
cancer	82	classic	106	cow	42
cap	30	clerk	70	crash	122
capital	106	climb	90	crazy	118
captain	106	cloud	46	create	46
care	18	coach	122	creative	46
career	62	coast	90	creature	98
cart	38	code	34	credit	26
cartoon	122	coin	86	crocodile	86
cause	26	collect	102	crowded	90
cave	10	college	26	cry	26
celebrate	106	comfort	106	culture	42

safe	50	several	14	slice	30
safely	50	shade	110	slip	30
safety	54	shake	110	smart	90
sale	50	shape	42	smell	18
sample	114	share	42	smoke	110
sand	74	sharp	102	snake	38
sauce	122	shelf	102	sneakers	30
sausage	106	shell	94	soap	98
save	42	shelter	6	soccer	66
scale	78	shine	98	social	14
scare	118	ship	6	society	22
scared	38	shock	106	soft	22
scene	94	shore	94	soft	38
schedule	62	shoulder	38	soil	66
scientist	42	shout	114	soldier	114
score	114	shower	106	solution	46
scream	30	shy	110	solve	46
screen	70	sight	90	somebody	98
search	62	sign	34	someday	18
secret	66	signal	82	someone	10
section	66	silent	90	sore	122
see	6	silk	98	soul	106
seed	110	silly	110	sour	122
seem	22	silver	82	source	78
select	110	similar	42	space	26
self	102	simple	18	special	10
senior	94	since	6	speed	54
sense	30	sing	18	spell	110
separate	86	single	54	spicy	98
series	78	site	70	spill	34
serious	26	situation	14	spin	38
serve	66	skill	90	spirit	94
service	26	skin	54	spoil	10
set	14	skirt	58	sport	70